콜로세오 COLOSSEO

강민정 지음

글로벌 출판사

•
•
•

지은이 강 민정은 30년 전에 이탈리아로 건너가 초기 유학시절 움부리아 지방의 페루쟈에서 거주하고 캄파냐 지방의 나폴리에서 거주한 일부 시간을 제외하고 대부분 로마에서 거주하였다. 이탈리아어에 대한 관심은 이미 초창기 시절인 페류쟈에서부터 시작되었고 1993년 〈한이 사전〉을 집필하였다. 이어 2003년에는 〈이태리어로 뭐라고 말하지?〉와 한국 최초 〈실용 한이 사전〉을 집필하였다. 그 후 2014년 〈첫걸음 1700 Parole Italiane〉를 출판하였다.

2010년 5년에 거친 긴 국가고시 후에 로마현 로컬 자격증을 취득하면서 교양으로만 접하던 예술, 건축, 고고학 등의 여러 방면에 관심을 갖기 시작하여 2018년 〈판테온〉을 출판하였고 2019년 〈콜로쎄오〉와 〈싼 피에트로〉의 출간을 앞두고 있다.

콜로쎄오를 내면서

콜로쎄오는 2천년 역사의 굴곡을 견디어 오면서 수차례의 존속의 위기를 맞이하기도 했지만 아직도 꿋꿋이 그 자태를 유지하고 있는 로마의 대표적인 상징물이다. 때문에 그 자체만으로도 세계인들의 관심을 받는 건축물이다. 역사적 가치와 건축적 가치 외에도 콜로쎄오에는 현대인들의 눈을 마음을 사로잡는 여러 가지 요인이 있다. 그 중 하나가 다양한 시각매체를 통해 폭력에 익숙해진 현대인들의 상상을 능가할 정도의 잔혹한 살육의 현장이었을 뿐만 아니라 이를 공연으로 구경하고 열광했던 장소였다는 것이다.

저자가 콜로쎄오를 공부하면서 발견한 놀라운 점은 이 건축물에는 판테온에서처럼 혁신적인 건축 기술을 사용하여 지었던 것이 아니라 로마인들이 오랜 세월동안 발전시켜온 여러 가지 건축 테크닉이 어우러진 종합체이고 건축물의 여러 가지 기능성이 고려되었다는 것이다. 즉 콜로쎄오는 이 모든 것이 함께 응집되어 이루어진 산물이라는 것이다. 현재 콜로쎄오는 세월의 흔적이 상처투성이로 남아 여기저기 금속 줄로 묶고 쇠심을 박고 옛날의 영화로웠던 모습을 유지하기 위해 많은 노력을 기울이고 있다.

이 책을 통해 전달하고자 하는 나의 의도는 이 건축물 자체의 이해와 더불어 용도 및 그 역사를 살펴봄과 동시에, 이러한 원형 경기장을 통해 로마인들이 향유했던 문화의 특성을 재고하고자 하는 것이다. 또한 필자 자신이 로마의 공인 가이드로 활동하면서 대중들에게 정확한 정보와 역사에 대한 이해를 전달하고자 하는 개인적인 욕심도 없었다고는 할 수 없다. 그리고 필자와 같은 길을 걷는 후배들에게 먼저 발을 내딛은 선배로서 그들에게 미약하나마 도움이 되고, 고대 역사가 살아 숨 쉬는 매력적인 도시 로마의 가이드라는 자부심을 불어넣어주고 싶었다. 세계 어느 도시들보다 이곳의 가이드들이 더 준비된 모습을 갖추는 데 일조할 수 있다면 하는 희망에서 부족하나마 본서를 출판하게 되었다.

불과 이십 여 년 전만해도 인터넷이 지금처럼 보급되지 못했었고, 이탈리아 문화유산에 대한 한국어 자료가 거의 전무하다시피 한 상황에서 가이드를 시작하다 보니 이탈리아 원서에만 의존할 수밖에 없었다. 하지만 의지만을 가지고 부딪히기에는 하루 종일 도서관에서 책과 씨름한다 해도 저녁이면 불과 몇 페이지 밖에는 나아가지 못했던 날들이 허다했다. 때문에 지금 후배들에게는 필자와 같은 고충을 겪지 않았으면 하는 소망이 있다. 그들의 짐을 조금이나마 덜어 줄 수 있다면 더할 나위가 없을 것이다.

책을 집필하며 필자가 염두에 둔 이 책의 또 다른 대상은 또한 로마를 이해하고자 하나 인터넷으로 떠도는 정보들만으로는 갈증을 느끼는 독자들이다. 고대 로마인들의 삶에 대한 관심을 갖은 사람들, 로마 여행을 앞 둔 독자들에게도 흥미를 제공할 수 있었으면 하는 바람이다.

끝으로 도움을 주신 여러분들에게 감사의 마음을 전하고 싶다. 항상 분발을 위한 채찍질을 하며 로마 가이드들에게 버팀목이 되어주고 있는 로마 가이드 협회의 격려에 감사드리고, 물심양

면으로 도움을 주시는 소속사 유진 여행사의 김 현기 사장님께도 감사드린다. 이 책의 초고를 읽어준 로마 사피엔자 대학의 고 한나, 삽화를 위한 사진을 제공해준 여러 후배들에게도 지면을 통해 감사의 마음을 전하고 싶다.

강 민정

일러두기

일반적으로 역사적 사건으로 잘 알려져 익숙한 인물의 이름과 사건은 라틴어나 영어식 표기로 표현되지만 그 외에 잘 알려지지 않은 부수적인 명칭의 통일감이 필요성으로 본서에서 다룬 역사적 인물의 이름, 지명 등은 모두 이탈리아어로 표기하였다. 또한 우리가 접하는데 다소 생소한 것들 중 해설이 필요하거나 명시가 요구되는 사건이나 인물을 비롯한 기술적인 것은 본서의 뒤편에 간단한 설명을 첨부하였다. 이들은 찾아보기 쉽게 가나다라 순으로 정렬하였다.

목 차

1. 원형 경기장

(사진1) 콜로쎄오 야경

가장 오래된 원형 경기장은 이탈리아 남부 지방의 카푸아(Capua)에 건축되었던 것이지만 1세기에서 2세기에 로마제국의 원형 경기장의 모델로 재건축되어 처음 건축되었던 모습은 남아있지 않는다. 사라진 카푸아의 원형 경기장을 모델로 하여 만들어진 폼페이의 원형 경기장은 현존하는 가장 오래된 원형 경기장으로 로마 원형 경기장의 모델을 제시하는 중요한 역할을 하였다. 폼페이의 원형 경기장은 기원전 80년 실라(Silla)가 이곳을 정복한 후 로마 식민지를 건설했던 기원전 70년에 폼페이의 2두 정치(Duo-viri)의 주역인 퀸투스 볼구스(Quintus Volgus)와 마르쿠스 포르치

(사진2) 현존하는 최초의 폼페이 원형경기장 세분

우스(Marcus Porcius)에 의해 건축되었다. 가장 오래된 경기장의 흔적들이 캄파냐 지방에서 발견되는 것은 이 지역에서 검투사 경기가 매우 활성화되었던 것을 보여준다.

대체로 원형 경기장이 관람객들의 집합을 용이하게 하고 건축의 편리를 위해 도시 중심부에 세워졌던 것과 달리, 최초의 폼페이의 원형 경기장은 도심을 벗어난 지역에 건축되었다. 이는 경기장을 건축할만한 대규모의 공터가 있었으므로 도시의 일상에 장애를 주지 않는다는 것과 토지가 경사진 곳임으로 자연 지형을 활용하여 관람석을 만들려는 경제적인 목적이었다. 한쪽 경사면은 그대로 이용하여 관람석을 만들었고, 반대편은 높은 언덕부분의 흙을 파다 매립하면서 경사면을 만들었다. 이 경기장은 관람석 아래 부분의 공간을 활용하지 않았다. 폿쭈올리(Pozzuoli), 베로나, 밀라노의 원형 경기장도 폼페이의 것과 같이 도시의 변두리 지역에 건설되었다.

폼페이 원형 경기장에서 벌어진 유명한 일화는 네로황제 시대인 59년 검투사 경기 후 노체라(Nocera)인들과 폼페이인 사이에서 패싸움이 벌어진 사건이다. 표면상으로는 경기에 대한 열기로 보였지만 실상은 폼페이인의 소유였던 농지가 로마의 속주가 되면서 노체라인들에게 소유권이 넘어간 것에 대한 감정 대립이 경기를 구실로 표출된 것이었다. 이 유명한 일화는 폼페이인의 한 서민 가옥의 그림에서 표현되었고 역사가 푸블리오 코르넬리오 타치토(Publio Cornelio Tacito)도 이에 대해 언급했다. 처음에는 말싸움으로 시작되었던 것이 돌덩이가 날아다니기 시작하고 급기야는 무기까지 동원되었다고 한다. 노체라인들이 많은 피해를 보았는데 심한 부상자와 사망자까지도 발생하였다. 로마의 원로원도 이를 매우 심각하게 받아들였고 원형 경기장 사용을 10년 동안 금지시켰었다.

(사진3) 폼페이인과 노체라인들 간의 패싸움

로마 제국의 영토 확장에 비례하여 점차적으로 제국 전역에 원형 경기장이 건축되었다. 라틴 족에 의해 건국되었던 투스콜로(Tuscolo), 알바노(Albano) 등 로마 근교의 지역에서부터 시작하여 로마의 동쪽 지역인 악퀼라(Acquila), 몬테레오네 사비노(Monteleone Sabino), 테라모(Teramo) 등지로 확산되었고 반도의 북쪽 지역인 아오스타(Aosta), 토리노(Torino), 트리에스테

(Trieste)는 물론 바다 건너 사르데냐(Sardegna) 섬의 칼리아리(Cagliari), 시칠리아(Sicilia) 섬의 카타냐(Catania), 팔레르모(Palermo)로까지 경기장의 건축 붐이 뻗어나갔다. 뿐만 아니라 로마 제국에 속했었던 북아프리카, 유럽, 아시아 등지에도 원형극장과 극장이 건축되었다. 기록이나 흔적으로 남아있는 원형 경기장만 해도 230여개 이상이다.

(사진4) 하계 야외 오페라 극장으로서의 베로나 원형경기장

제국의 곳곳에 세워진 원형 경기장들의 규모를 보면 카푸아의 것은 콜로쎄오 다음으로 큰 170×140미터이다. 이 경기장은 스파르타코(Spartaco)의 반란이 시작된 장소로 유명하다. 2세기에서 3세기 사이에 건축된 밀라노의 원형 경기장은 그 규모가 155×125미터에 이르렀지만 현재는 남아있는 것은 거의 없다. 가장 보존 상태가 좋은 경기장 중 하나인 베로나의 원형 경기장은

152×123미터 규모로 현존하는 세 번째 규모의 경기장이다. 1913년 죠반니 젠나텔로(Giovanni Gennatello)가 베르디(Verdi) 탄생 백주년을 기념하기 위해 원형 경기장에서 오페라를 상연한 이후 지금까지 여름이면 오페라 극장으로 사용된다. 튀니지의 엘젬(El Jem)의 경기장은 148×122미터로 네 번째로 큰 규모의 경기장이다. 쥬젭페 콧쪼(Giuseppe Cozzo)의 통계에 따르면 원형 경기장은 대부분 장축과 단축의 비율이 1.2배에서 1.3배 정도의 비율로 만드는 것이 기본이었다. 로마에는 콜로쎄오와 더불어 카스트렌세(Castrense) 원형 경기장 등 두 개가 남아있다. 로마뿐만 아니라 두 개의 경기장을 가진 도시들은 폿주올리, 카푸아, 부다페스트 등을 포함하여 다수이다.

2. 로마의 공연 문화와 원형 경기장

그리스 고전시대부터 연극, 무용, 무언극 등을 공연하기 위한 공간이 건축되기 시작하였다. 기원전 3000년경 렘노(Lemno) 섬과 크레타 섬에서 건축된 극장 등이 그 효시였다. 자료 부족으로 로마 극장의 기원을 정확히 규명하기는 어렵지만, 일반적으로 절대왕정 시대 말기에서 공화정 시대로 넘어가는 시기로 본다. 기록상 로마 최초의 연극은 로마가 이탈리아 반도 중부와 남부지방을 통합하던 시기인 기원전 346년에 상연된 것이다. 이 연극은 전염병이 퍼졌을 때 신의 분노를 달래기 위한 것이었고, 이를 위한 건축물은 따로 없었다.

로마인들의 대중 공연 문화는 경마경기, 운동경기와 함께 에트루리아로부터 도입되어 대전차경기장(Circo Massimo)에서 실행되었었다. 비록 투박한 형태이긴 하지만 연극, 무용, 무언극 등도 함께 공연되었다. 로마에서 그리스의 것을 따라 극장문화가 형성되었으나 로마는 상주 극장 건축이 허용되지 않았으므로 가건물로 대신 했었다. 기원전 194년 리비오(Livio)의 작품에서 언급된 내용을 보면 이 시대의 극장에는 관객석이 없었기 때문에 신분 구분 없이 모두 서서 구경했었다고 한다.

(사진5) 로마에 현존하는 마르첼로 극장

기원전 179년 감찰관 에밀리오 레피도(Emilio Lepido)가 로마의 아폴로 신전 근처에 극장을 만들었다고 하지만 이에 대한 흔적은 없다. 기원전 154년 두 명의 감찰관(Censori) 마르코 발레리오 멧살라(Marco Valerio Messala)와 가이오 캇시오 론지노(Gaio Cassio Longino)가 여러 층의 관람석을 포함하는 극장을 세웠지만 로마의 미풍양속에 해가 된다고 하여 의자가 제거되었고 급기야 극장 건축이 금지되었다. 기원전 145년 그리스를 정복한 루치오 뭄미오 아카이코(Lucio Mummio Acaico)도 자신의 개선을 자축하기 위해 임시극장을 만들었다. 그 후 로마가 코린트를 정복하면서 그리스 연극이 배우들과 함께 로마로 도입되게 되었고 그리스 극장을 모방하여 공연장 건축도 시작되었다.

검투사 경기장 건축도 법으로 금지되었으므로 다양한 공간을 이용한 임시 경기장을 건설하여 사용하였다. 로마에서 건축적인 표현으로 원형 경기장이나 극장을 만드는 것은 공화정 말기 시대와 초기 제국시대에 시작되었다. 상주 경기장은 석재로 건축되기 시작한 이후로 1세기와 2세기를 거치며 급격하게 제국 전체로 확산되었다. 원형 경기장은 로마 제국의 중요한 선전 도구로 사용되었고 심지어는 고대 로마의 전통을 되살리는 정책의 일환으로도 쓰였다. 대도시뿐만 아니라 오지의 소도시에 이르기까지 웅장한 규모로 건설된 원형 경기장은 신분이나 문화를 초월한 여러 계층의 사람들이 모일 수 있는 공간이었다.

검투사 경기는 단숨에 로마인들 사이에 폭발적으로 인기를 얻게 되었다. 로마의 정치가들이 이러한 검투사 경기를 기획했던 이면에는 로마인들에게 쾌락을 선사하고, 백성의 호감을 얻어 권력을 유지하고자 했던 의도가 숨어있었다. 패배한 검투사들의 운명은 사회적인 신분 관계없이 황제와 로마인들과 함께 결정하게 되었는데, 이를 통해 로마인들에게는 권력의 중심에 공존한다는 착각을 하게 해주었고 황제들에게는 로마인들의 의사에 귀 기울이고 그들의 의사가 반영하는 중요한 순간으로의 의미를 가졌다. 또한 황제들은 그들에게 만족을 주기 위해 무료로 돈과 밀 등을 나누어주고 경기도 제공하였다. 심지어는 경기 중에 관객들에게 선물의 내용이 표기된 공이나 원반을 던져주는 경우도 있었다.

선물의 종류로는 식료품, 노예, 심지어는 집, 배 등 다양했다.

기록상 로마에 원형 경기장이 처음 건설된 것은 기원전 53년 가이오 스크리보니오 쿠리오네(Gaio Scribonio Curione)가, 사망한 자신의 아버지 영혼의 평화를 위해 검투사 경기를 거행할 목적으로 목재로 지은 것이었다. 플리뇨에 의하면, "이 경기장은 고대 시대의 경기장을 만드는 탁월한 기술력을 보여주며 목재 건물로, 관람석이 있었고 서로 등지고 있는 2개의 반원형 극장이 기계적 작동을 통해 180도 돌려 마주보게 변형할 수 있었고, 이를 통해 원형 경기장이 형성되었다"고 언급한다. 플리뇨는 2개의 반원형 극장을 합친 것이라는 의미로 암피테아트룸(Amphiteatrum)이라는 단어를 사용했는데, 그와 같은 의미로 이 단어를 사용한 사람들로는 오비디오(Ovidio), 캇시오도로(Cassiodoro), 이지도로 디 시빌리아(Isidoro di Siviglia) 등이다. 그러므로 암피테아트룸이라는 단어의 어원과 의미를 규명하는데 혼란을 가져왔다. 이들은 일반적인 생각하는 것처럼 2개의 극장이라는 의미로 사용하였다. 사실 건축적 측면에서 보자면, 두 개의 극장이 합쳐진 것이라는 의미는 잘못된 것은 아니다.

그리스어 접두사 암피(Amphi)는 2개 즉 "양(兩)"이라는 의미로도 해석될 수 있지만 "주변"이라는 의미가 들어있다. 즉 암피테아트룸은 아레나를 주변을 에워싼 관람석이 있는 공간을 칭하는 용어로 탄생된 것이다. 이 어휘를 처음 사용한 것은 비트루비오이지만 건축물의 용도에 관해서는 언급한 바가 없다. 단지, 위에 언급한 바와 같이 아레나를 중심으로 관람석이 에워싸고 있는 건축물이라는 의미로 사용하였다. 암피테아트룸은 그리스어에 그 기원을 두고 있지만 공화정 말기 시대부터 로마의 전형적이며 새로운 특성의 건축물을 지칭하는 어휘로 발전되었다.

관람석으로 둘러싸인 형태는 같지만 원형 경기장은 전차 경기의 용도로 쓰였던 전차 경기장과는 다르다. 전차 경기는 그리스인들이 고안한 경기로 이에 사용했던 전차는 전쟁에 사용했던 전차와 같은 형태였다. 이 경기도 로마인들에게 큰 인기를 끌었고, 이를 위한 경기장도 제국의 곳곳에 세워졌다. 전차 경기장은 장축의 길이가 일반적으로 555미터를 넘고 장축에 비해 단축의 길이가 매우 짧은 것이 특징이다. 전차 경기장과 원형 경기장의 근본적인 차이는 경기장의 장축과 단축의 비율의 차이이다.

영화 <벤허>에서와 같은 전차경기를 하는 경기장으로 단축의 한쪽 면은 직선이고 한쪽 면은 곡선이었다. 직선 면에서 전차들이 출발 준비하게 되었고 출발하는 각각의 전차를 분리하는 기능인 카르체레(Carcere)가 설치되어 있는 것도 고유의 특징이었다.

아우리기(Aurighi)라고 불린 기수들은 4개 팀으로 분리되어 붉은색, 파랑색, 흰색, 녹색 옷을 입었다. 각 팀마다 그들을 응원하는 팬이 있었고 종종 내기 판이 벌어지기도 하였다. 이 경기도 위험성이 있었으며 손에 땀을 쥐게 하는 긴장감을 주었고 종종 경기 중 사망하는 기수들도 있었다. 가장 유명했던 기수는 1세기의 스코르포(Scorpo) 라는 인물로 2048회나 승리하였지만, 그 역시 26세의 젊은 나이로 경기 중 사망하였다.

전차 경기장의 인기나 유명세를 능가했던 것이 원형 경기장으로, 목욕탕(Terme)와 더불어 로마의 문화를 전파하기 위한 가장 중요한 매개체 역할을 했었다. 이 두 요소는 로마제국 도시들의 전형적 특성이며 도시의 규모와 상관없이 세워진 기념비이

(사진6) 로마 대전차 경기장의 전경

(사진7) 줄리오 체사레

다. 이런 건축물들은 로마의 건축이 황제들의 개인 욕구를 충족시키려는 목적에서 나아가 공공의 집단 욕구를 충족하기 위한 것으로 발전했다는 예를 보여준다.

로마의 두 번째 원형 경기장은, 기원전 46년 체사레가 공회장(Foro)에 검투사 경기와 맹수사냥 경기를 하기 위해 건축한 것이다. 경기장을 지은 후, 그는 죽은 딸 줄리아의 8주기를 추도하기 위한 경기를 거행했다. 경기를 여자에게 헌정했다는 것이 특이한 점이며 여기에 아직 종교적인 기능이 남아있었다는 것을 확인할 수 있다. 이미 카푸아나 폼페이에는 상주경기장이 건설되었던 시기였지만 로마에서는 경기장 건축이 법으로 금지되어 있었기 때문에 목재로 지어졌다.

이 시기에는 건축물의 명칭도 정확히 정해지지 않았었다. 폼페이 경기장에서 발견된 기원전 80년 헌정문에 의하면 원형 경기장을 스펙타쿨라(Spectacula)라고 불렀던 듯하고, 후에 로마와 속주에 검투사 경기나 사냥 경기를 하기 위한 경기장이 확산되면서 암피테아트룸이라는 어휘가 사용되었다.

세 번째 건축된 원형 경기장은 스타틸리오 타우로(Statilio Tauro)가 기원전 29년(Svetonio의 의견), 혹은 31년(Dione에 의견)에 캄포 마르찌오(Campo Marzio)에 위치한 몬테 치토리오(Monte Citorio)에 건설한 것으로, 석재로 지은 상주 원형 경기장으로는 최초의 것이다. 그는 동시에 경기에 필요한 부속 건물들도 주변에 함께 건축한 듯하다. 캄포 마르찌오는 원래 전쟁의 신에게 봉헌되었고 군인들의 훈련을 위한 공간이었지만 권문세가들이 개인적인 용도로 전환하여 사용하였던 것을 옥타비아노 시절에 아그립파가 대중을 위한 공간으로 환원한 지역이었다. 건축물은 대부분 석재를 이용하여 만들어졌지만 관람석은 목재였고, 또한 그 형태는 완전히 원형으로 만들어진 것이 아니라 사각 건축의 네 귀퉁이를 원형으로 깎아 어느 위치에서든 잘 관람할 수 있도록 한 것이다. 경기장을 사각으로 만든 것은 전형적인 이탈리아 스타일이었고, 후에 아레나를 중심으로 타원형으로 발전되었다. 캇시오 디오네(Cassio Dione)는 이 건축물을 "석재로 된 일종의 맹수사냥 경기장"이라고 불렀다. 또 이를 암피테아트룸라 칭하면서 두 개의 극장을 붙인 것이 아닌, 아레나를 에워싼 경기장이라는 의미로 사용해 원형 경기장의 정확한 어원을 알려주고 있다.

스타틸리오 가문은 검투사 경기에 특별한 애착을 가졌던 가문으로 검투사 양성소도 가지고 있었던 것으로 여겨진다. 사비를 들여 실현한 이 건축물의 주 용도도 검투사 경기였다. 이 경기장의 관람석을 목재로 만들었으므로 64년 네로황제 시대 때 화재로 소실되었다. 네로는 백성들을 위해 파괴된 경기장을 재건한 것이 아니라 캄포 마르찌오에 목재로 임시 가건물을 짓는 것으로 그쳤다.

칼리골라(Caligola, 37-41) 황제도 경기장을 건축하였으나 그는 완성하지 못하고 죽었고 그의 후임자였던 클라우디오(Claudio, 41-54) 황제는 이를 완성시킨 것이 아니라 철거하였다.

네 번째 세워진 원형 경기장이 콜로쎄오이다. 이것은 후에 언급하기로 하자.

로마에 다섯 번째로 건축된 원형 경기장은 엘리오가발로(Eliogabalo, 218-222)가 218년에 세운 경기장으로 대부분의 구조를 벽돌을 이용한 카스트렌세(Castrense) 원형 경기장이 건축되었다. 이 경기장은 후에 아우렐리아네 성벽(Mura Aureliane)에 포함되었다.

기독교의 전파와 함께 경기의 잔혹성과 비인간적인 이유로 황제나 종교 지도자들에 의해 검투사 경기는 거부당하기 시작하였고 이미 4세기부터는 원형 경기장이 철거되기 시작하였다. 밀라노의 원형 경기장 위에는 4세기에서 5세기 사이에 성 로렌쪼(S. Lorenzo) 성당이 건축되었다.

검투사 경기의 쇠퇴는 그리스도교의 전파 영향이라고 보는 것이 통설이지만 그 외의 다른 이유도 들 수 있다. 3세기경에는 검투사 경기에 패배하면 검투사단 전원이 다 살해되도록 하는 규정이 생겼다는 것, 다양했던 검투사의 종류가 인기가 좋았던 세쿠토르와 레티아리우스 되는 것을 선호한 결과 이들이 대다수이므로 경기가 단조로워졌다는 것, 검투사들의 기술로 매료시키고 볼거리를 제공했던 경기의 모습은 찾아보기 어렵고 폭력과 유혈의 자극만을 추구하다보니 경기는 단순히 죽고 죽이는 모습만을 제공하는 경기가 되어 관객의 흥미와 인기를 잃은 것 등도 소멸의 이유로 제시된다.

3. 종교적 의미로 시작한 로마의 공연 문화

공연문화는 로마문화의 대표적인 특징으로 자리 잡게 되고 대부분의 백성이 백수였던 로마 사회에 가장 중요한 소일거리였으며 정치가들은 빵과 서커스를 제공하면서 이들을 관리하였다.

고대 로마 시대에 종교적인 축일이나 기념일은 무수히 많았다. 휴일은 일하는 날의 두 배로, 이틀 쉬고 하루 일하는 정도였고 이 때 공연이나 경기가 개최되었다. 제국의 말기에는 공연 문화는 검투사 경기, 전차 경기, 극장의 공연 등 일 년의 반 정도는 경기나 공연이 거행되었다. 검투사 경기는 가장 중요한 종교적 축일에 벌어진 8차례의 연중 공식 경기만 쳐도 년 중 77일간 거행되는 것이었다. 공연이나 경기는 황제가 제공하는 공식 경기 외에 특별 경기의 이름으로 일반 시민이 제공하는 경기와 종교행사, 조합의 축일, 특히 로마의 영광을 보여주는 군대의 전승 기념일 등에 개최되었다. 경기의 목적도 변화하여 이런 저런 구실을 만들어 원래의 목적과 상관없이 경기를 거행하였다. 2세기에는 황제가 깜짝 이벤트로 제공하는 특별 검투사 경기는 한두 달 내내 진행되기도 했었다. 이것은 시골이나 소도시에서도 마찬가지였다. 그러므로 당시 공연문화는 로마인들에게는 일상생활의 한 부분이 되었다.

로마 축일의 기원은 종교와 연결되어 있었다. 공화정 말기 시대부터 로마인들 사이에 인기를 끌었던 사냥도 근본적인 차이는 있지만 종교적인 상징으로 시작된 것이다. 4월 중순에 봉헌된 체레레(Cerere) 여신의 축제(Ludi Cerialis)는 여우꼬리에 불붙은 나무토막을 묶어 경기장에 내려놓고 이를 잡으러 쫓아다니는 형태의 의식이었고, 플로랄리아(Floralia)는 꽃의 여신 플로라(Flora)에게 헌정된 축제로 대전차 경기장에서 토끼, 염소 등의 동물들을 풀어놓고 사냥하여 죽이는 의식으로 마무리되었다. 후에 발전하게 되는 맹수 사냥 경기인 베나찌오네스(Venationes)와는 차이가 있지만 궁극적으로는 사냥 경기와 같은 것이었다.

속주에서 가져온 이국적인 동물들이 소개되기 전에는 이런 종교의식에 사용되었던 동물들은 반도에서 쉽게 볼 수 있는 것들이었다. 제국의 곳곳에서 이색적인 동물이 전리품과 같은 형태로 도입되면서 사냥 경기에 사용되는 동물도 다양해졌다. 로마인들이 코끼리를 처음 본 것은 기원전 275년에 집정관이었던 쿠리오 덴타토(Curio Dentato)가 그리스의 삐로(Pirro)와의 전쟁에서 전리품으로 가져온 때였고 후에 맹수사냥 경기에 사용되는 동물이 되었다.

경기나 공연에서 종교적인 번제를 들이는 의미가 상실된 것은 오래였지만, 경마 경기에서는 그 명맥을 이어갔다. 전쟁의 신, 마르테에게 봉헌된 경마 경기는 2월 27일과 3월14일, 10월13일(혹은 15일) 일 년에 3번 있었다. 10월에 공회장에서 거행되었던 경기는 쌍두마차인 비가(Biga) 경기로, 땀에 흠뻑 젖은 승리한 마차의 오른쪽 말을 제물로 바쳐졌다. 말의 피는 액을 쫓기 위해 도시 곳곳에 뿌렸다. 그 머리는 “10월의 말(October Equus)”이라하여 공회장 내에 있는 비아 사크라(Via Sacra) 주민과 수부라(Suburra) 주민들이 자신들의 명예와 관련지어 서로 갖기 위해 경쟁하였다. 꼬리는 로마의 안녕을 지켜준다는 성스러운 불을 지피기 위해 사용하였다. 이 경기는 라틴족들이 해마다 봄에 시작하였던 군대 파견과 농사를 마무리하는 가을에 거행하였던 것으로 승리한 말을 제물로 바치면서 도시를 정화하고 액을 쫓는 의미를 가졌었다. 이것은 말을 제물로 바치는 독특한 로마의 특성이라 할 수 있는데, 그들이 트로이아인들의 후예라는 의미를 부여하고자 트로이의 목마와도 연결시켰던 것이라고 할 수 있다. 처음 이것을 언급한 사람은 기원전 3세기 역사학자 티메오 디 타우로메니오(Timeo di Tauromenio)였다. 쌍두마차 경기는 제국이 그리스도교를 인정한 후인 354년까지 거행되었다.

(사진8) 아우구스토

검투사 경기 역시 인간 제물을 바쳐 그 피로 죽은 자들의 영혼인 마네스(Manes)가 평화를 얻게 하기 위해서 개인 단위로 부모의 묘지에서 이루어졌던 것이었다. 검투사 경기는 라틴어로 무네라(Munera, 단수 Munus, 제공)라고 불렀는데 어휘 자체에도 종교적 의미가 있다.

경기의 개막식에는 신이나 신격화된 신(Divo)의 신

상 행렬이 들어왔고, 이때에 모두 기립하여 경의를 표하도록 하였다. 이것은 경기가 종교적 축일에 거행되었던 것을 보여주는 흔적이고 각 축일에 해당하는 신상을 앞세웠던 것이다. 한편 황제가 공연 장소에 입장할 때 일동 기립하여 하얀 손수건을 흔들었는데, 이것은 황제에 대한 경의를 표하는 의미를 가지고 있었다.

종교적인 의미로 시작되었던 공연문화는 이후 형식상으로만 종교성이 남게 되었고 더 나아가서는 이것조차 거부하는 형태로 발전하였다. 경기의 본래의 의미를 상실해가는 것을 막기 위해 아우구스토(Augusto, 기원전27-기원후14)는 일종의 행동지침까지 정하면서 종교적인 의미를 재부여하고자 했지만 그의 노력의 효과도 없이 대중에게 경기나 공연은 오락이었고 종교적 의미는 희미해져갔다. 스베토니오에 의하면 아우구스토는 로마의 고대 풍습을 부활시키고자 애썼던 황제였다. 그는 로마인이라는 자부심을 큰 사람이었고, 백성들에게도 그 자부심을 심어주려 하였다. 그는 백성들에게 적절한 드레스 코드를 요구하고, 강제적 집행력이 있는 공중도덕을 지키게 하였다. 교양인다운 행동을 요구하였고, 공연 중에는 먹지도 마시지도 못하게 하였다.

제국시대에 경기의 종교적 자취가 희미해져 종교적인 의미는 형식적인 의례로 전락한 자리에 점성학적인 의미가 부여되었다. 아레나는 땅을 상징하고, 경기장 주위의 웅덩이는 바다를 상징하며, 정복지에서 전리품으로 가져온 오벨리스코(Obelisco)는 태양을 상징하였다. 전차 경기에서 일곱 바퀴를 도는 것도 7이라는 숫자가 7행성과 일주일의 7일을 상징함은 물론, 더 나아가 로마인들이 섬기는 만신의 상징이기 때문이었다.

황제들은 공연과 경기를 정치 표현의 도구로 삼았다. 제국시대에 들어서면서 민회나 원로원이 자치성을 상실하여 황제와 백성간의 접촉할 기회가 거의 없었기 때문에 경기는 백성들과의 직접적인 접촉을 위한 좋은 기회였다. 심지어 체사레나 아우구스토, 마르코 아우렐레오 등은 경기 때 백성들이 직접 알현하는 것도 허용하였다. 이를 통해 볼 때 공연과 경기는 전통적인 종교의식을 보호하는 의미도 있었지만 정치적인 권력을 강화하는 중요한 의미를 가지고 있었다고 하겠다.

정치가들에게 백성을 위한 공연이나 경기의 기획은 강제성을 띠는 것으로, 백성들의 무료한 여가 시간과 관심사를 본능이나 폭력 등의 방법으로 해소해 주는 것은 그들의 중요한 의무 중의 하나였다. 로마의 황제들이 제공하는 공연이나 경기는 백성들의 주의를 전환하는 우민화 정책에 아주 중요한 역할을 하였다.

“빵과 서커스(Panem et Circense)”라는 표현은 죠베날레(Giovenale, 50년-127년)에서 시작되지만, 이미 아우구스토가 이를 도입했었던 것을 볼 수 있다. 그는 공연에 큰 중요성을 부여했고 모든 사람들의 취향에 맞게 다양하면서도 훌륭한 공연을, 공회장, 캄포 마르찌오, 대전차 경기장, 심지어는 투표를 위한 건축물인 셉프타(Saepta)에서까지 시행하였다. 그는 공연을 위한 모든 전문인인 배우, 운동선수, 검투사, 곡예사들을 고용하였고 신기한 동물들을 볼거리로 내세우기도 했다. 테베레 강 근처에는 모의해전장까지 만들었다.

4. 콜로쎄오의 건축과 변화

콜로쎄오의 본래 이름은 플라비오 왕조의 원형 경기장(Amphiteatrum Flavium, 이탈리아어 Anfiteatro Flavio)이었지만 중세 이후로 정확한 시점은 불분명하지만 약 9세기부터 암피테아트룸 콜리세우스(Amphiteatrum Colyseus)라는 이름으로 통하게 되었다. 이 경기장이 건축된 곳은 네로(Nerone, 54-68) 황제의 도무스 아우레아 정원의 한 부분이었던 인공호수(Stagnum Neronis)가 있었던 장소였다. 당시대의 시인 마르찌아레(Marziale)에 의하면 인공호수의 물은 옵피오 언덕(Colle Oppio)과 첼리오(Celio) 언덕을 나누며 디보 클라우디오(Divo Claudio) 신전의 기초부분에서 흐르는 라비카노 냇물(Rivo Labicano)을 이용했다고 한다. 이 냇물은 팔라티노(Palatino) 언덕과 첼리오 언덕 사이를 지나 테베레 강으로 합류되었다. 즉 이곳은 언덕들이 만나는 계곡 지역이었던 셈이다. 네로는 64년 로마 대화재 이후 도시를 재건하면서 이 지역의 공유지를 개인적 용도를 위해 황금 궁전을 건축했다. 네로의 사후 황제로 즉위한 베스파시아노(Vespasiano, 69-79)는 대중의 욕구를 충족시켜주기 위해 이 장소를 백성에게 돌려준다는 상징성을 부여하면서 학정을 하던 전황제와 자신의 차이점을 보여주고자 했다. 이러한 정치적인 의도가 콜로쎄오를 위한 장소선정에서부터 들어가 있었던 것이다.

(사진9) 네로 황제

콜로쎄오을 건설의 주역 베스파시아노 황제와 그의 두 아들 티토(Tito, 79-81), 도미찌아노(Domiziano, 81-96)는 사비나 출신의 플리비아 가문의 출신이었다. 이들은 네로의 사후 원로원에서 추대했던 세르비오 술피쵸 갈바(Servio Sulpicio Galba, 68-69)가 황실근위대에게 살해당하고 황실 근위대에서 또 다른 황제를 추대했던 어지러운 군인 황제 시대의 마르코 살비오 오토네(Marco Salvio Otone, 69), 아울로 비텔리오(Aulo Vitellio, 69) 등을 거쳐 2년 후인 69년 즉위한 베스파시아노에서부터 시작되어 도미찌아노가 사망하는 96년까지 로마를 통치한 플라비아 왕조를 이룬다. 이들은 로마 최고의 귀족 가문이었던 이전의 황제들과 달리 중산계층의 부농 가문이었다. 베스파시아노 황제는 화재로 피해를 입은 예술 작품도 다수 복원하였지만 그의 가장 중요한 업적은 콜로쎄오 건설에 착수한 것이다. 특히 도미찌아노는 대중을 위한 다수의 건축물을 건설하였고, 이 시기로부터 제국의 건축물은 대형화 경향을 보이기 시작하였다.

(사진10) 베스파시아노 황제

콜로쎄오를 실현한 건축가에 대해서는 여러 의견이 제기되었지만 여전히 가설로만 남아있는 실정이다. 사실 로마제국의 건축물들은 극소수를 제외하고 그 건축가가 알려지지 않았다. 이것은 공공의 이익을 위한 건축물을 건설하게 한 황제의 영광과 업적을 돋보이게 하기 위해 누가 이 건물을 건축하였는가 보다는 어느 황제가 건설하였나에 더 큰 의미를 부여했기 때문이다.

로마의 싼 타네제 카타콤베(Catacombe di S. Agnese)에서 발견된 가우덴찌오(Gaudenzio)의 비문에는 "그는 콜로쎄오를 건설한 후 그리스도인이라는 이유로 베스파시아노 황제에 의해 죽임을 당하였다."는 내용이 담겨있다. 그러나 베스파시아노 황제는 그리스도인을 박해한 기록이 없음으로 비문의 신빙성에 대해서는 의혹이 제기된다. 다른 가정은 도미찌아노 황제의 공인 건축가였고 팔라티노 언덕에 도무스 아우구스타나(Domus Augustana)를 건설했던 라비로(Rabiro, 혹은 Rabirio)이다. 그가 도미찌아노를 위한 대규모 공공 건축물들을 다수 건설했다는 이유지만 그와 콜로쎄오의 관계를 뒷받침해 주는 정확한 자료는 없다. 또 르네상스 시대의 건축가 세바스티아노 세를리오(Sebastiano Serlio, 1475-1554)는 독일 건축가가 콜로쎄오 건축을 맡았었다고 주장했는데 로마가 게르만 지역을 정복했을 당시 그 지역의 문화적인 수준으로 보아 그 가능성이 매우 희박해보이고, 이를 뒷받침해주는 자료는 역시 부족하다.

베스파시아노 황제는 콜로쎄오와 기념비적인 분수 메타 수단스(Meta Sudans) 건축에 착수하였다. 그는 죽기 전에 79년 콜로쎄오의 완공식을 거행할 수 있었다. 콜로쎄오는 로마에 그 이전 캄파니아(Campnia) 지방에 세워진 최초의 경기장을 비롯해 타우로 원형경기장(Anfiteatro Tauro),

(사진11) 메타 수단스의 잔재와 터

칼리골라 원형 경기장(Anfiteatro Caligola)보다 훨씬 큰 규모로 로마에서 가장 큰 규모일 뿐만 아니라 세계에서 가장 큰 규모의 경기장으로서의 의미를 가진다.

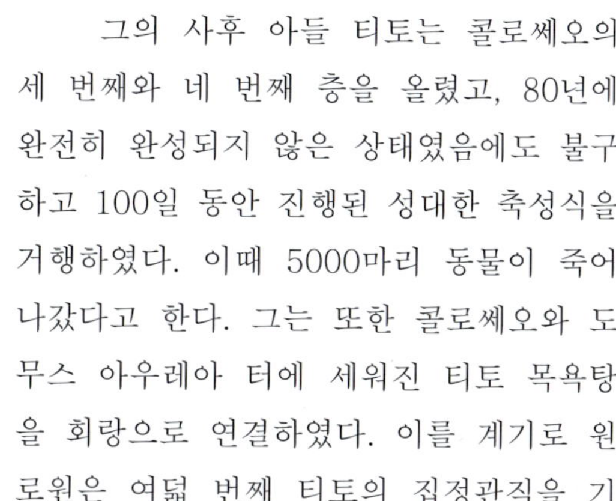

(사진12) 티토황제

그의 사후 아들 티토는 콜로쎄오의 세 번째와 네 번째 층을 올렸고, 80년에 완전히 완성되지 않은 상태였음에도 불구하고 100일 동안 진행된 성대한 축성식을 거행하였다. 이때 5000마리 동물이 죽어 나갔다고 한다. 그는 또한 콜로쎄오와 도무스 아우레아 터에 세워진 티토 목욕탕을 회랑으로 연결하였다. 이를 계기로 원로원은 여덟 번째 티토의 집정관직을 기념하기 위해 콜로쎄오와 티토가 앉아있는 모습이 새겨져있는 동전을 주조하도록 하였다.

티토는 항상 새로운 것을 준비하여 대중을 즐겁게 하고 만족시키는 방법을 알았던 황제이다. 그가 주최한 공연과 경기는 항상 성공적이었다고 하며 아버지 베스파시아노가 남긴 엄청난 유산으로 이런 종류의 경기를 지원할 충분한 재력이 있었고, 실제로 그는 유산의 상당부분을 경기를 개최하기 위해 썼다. 시인 마르찌알레(Marziale)는 자신의 저서 <공연에 관한 책>(Liber De Spectaculis)에 이에 관련한 다수의 경구시를 썼다. 겨우 40세의 나이에 질병으로 사망한 불

(사진13) 기념품점에서 판매되는 티토의 기념주화

운의 황제 티토는 약 2년 재위하였다.

81년에서 96년까지 황제 좌에 있었던 플라비아 가문의 마지막 황제이며, 티토보다 열 살 어렸던 도미찌아노는 콜로쎄오에 많은 변형을 가했는데 꼭대기 층에 금도금 청동 방패(Clipeo)를 설치하고, 아레나의 지하 공간을 조성하여 건축물의 상부와 하부를 정비하였다. 베스파시아노와 티토 황제 시절에 거행됐던 모의 해전(Naumachia)은 도미찌아노가 이 지하 공간 조성한 이후 더 이상 할 수 없게 되었고, 이를 위한 전용 경기장이 별도로 건축되었다고 하나 정확한 위치에 대해서는 논란이 있다. 그는 경기를 위한 다수의 부속 건물을 설치하였다. 루두스 마뉴스(Ludus Magnus), 루두스 갈리쿠스(Ludus Gallicus), 루두스 마투티누스(Ludus Matutinus), 루두스 다치쿠스(Ludus Dacicus) 등의 루두스 즉 검투사 양성소를 건설하였고, 콜로쎄오의 벨라리오를 설치하기 위해 데려온 미세네(Misene) 곶의 황실 함대 선원들을 위한 숙소인 카스트라 미세나찌움(Castra Misenatium)도 건축하였다. 그 외에 무기를 보관하고 망가진 무기를 수리하던 아르멘타리아(Armentaria), 경기 중 부상당한 선수들을 치료하기 위한 사나토리움(Sanatorium), 경기 중 사망한 검투사들의 의복을 벗기고 시신을 처리하는 스폴리아리움(Spoliarium), 무대 장치, 의상 및 장비를 보관하기 위한 창고였던 숨뭄 코라지움(Summum Choragium) 등도 설치하였다. 이렇게 플라비아 왕조의 원형 경기장은 3명의 황

(사진14) 도미찌아노 황제

제에 의한 것이며 플라비아 가문의 가장 훌륭한 정치적 선전 프로젝트의 산물이라고 할 수 있다.

오현제 시대(96-192)시대의 트라이아노(Traiano, 98-117) 황제도 검투사 경기와 사냥 경기를 좋아했던 황제로 그는 다키아 족과의 전투에서의 승리를 축하하기 위해 만 명의 검투사와 만천마리의 맹수를 경기에 투입했었다. 아드리아노(Adriano, 117-138) 황제는 경기를 관람하는 것뿐만 아니라 맹수를 직접 죽이기 위해 아레나에 내려가기도 하였고 티토가 했던 것처럼 경기 중에 경품을 나누어주기도 했다.

(사진15) 트라이아노 황제

네르바(Nerva, 96-98) 황제와 트라이아노 황제는 카베아 부분을 개선하는 작업을 하였고 이를 기념하는 기념문을 써 놓았다. 그러나 이 건물을 처음 보수한 인물은 2세기 중반의 안토니오 피오(Antonio Pio, 138-161) 황제이다. 그는 사냥 경기를 좋아했던 황제로 로마인들에게 놀라움을 선사하기 위해 악어, 하마, 하이에나 등의 동물을 데려와 사냥 경기를 하였다. 마르코 아우렐리오(Marco Aurelio, 161-180) 황제는 이런 경기에 아무런 관심을 보이지 않은 황제였지만 백성들의 눈을 의식하여 참관은 하였고 그들을 실망시키지 않으려고 한 공연에 100마리 사자를 투입한 경기를 개최하였다. 또한 체사레와 아우구스토가 했던 것처럼 경기 중에 백성의 알현을 허락하기도 했다. 그와 반대로 아들 콤모도(Commodo, 180-192)는 로마의 황제 중 가장 검

(사진16) 루두스 마뉴스

투사 경기를 사랑했던 인물이었고, 그 자신이 훌륭한 검투사이기도 했다. 직접 자신에게 수석 세쿠토르 검투사(Palus Primus Secutorum)이라는 칭호도 수여하였다. 그는 루두스 마뉴스에 황제의 개인 방을 가지고 있기도 했고 635 차례 아레나에 내려왔고, 1000명의 검투사를 이겼다고 한다. 그가 검투사 경기에 참여하면, 이를 보기 위해 모여든 시민들로 콜로쎄오의 수용인원이 초과되었다고 한다. 그는 일반 검투사들과는 달리 엄청난 보수를 받았고 죽임을 당하는 위험도 없었다. 그는 아레나에 내려올 때 헤라클레스(Ercole)처럼 사자 가죽으로 옷을 입었고 참관할 때는 아마조네스(Amazzone)처럼 여장하였고 관

(사진17) 콤모도 황제

(사진18) 카라칼라 황제

람객들에게는 장례식처럼 페눌라(Paenula)를 입도록 하였다.

셋티미오 쎄베로(Settimio Severo, 193-211) 황제는 203년 자신의 즉위 십 주년을 기념하기 위해 다양한 경기를 거행하였다. 콜로쎄오의 아레나에 검투사와 맹수 이미지를 넣은 주화를 제작하기도 했다. 그가 거행한 가장 특이한 경기는 맹수 400마리를 실은 배를 아레나에 놓고 한 마리씩 아레나로 내보내 죽이게 한 것이다.

그의 아들 카라칼라(Caracalla, 211-217)도 경기를 좋아하던 황제로 수차례 검투사 경기에 참여했었고 사냥 경기에서는 호랑이와 사자를 죽였다고 한다.

217년 마크리노(Macrino, 217- 218) 황제의 짧은 집정기간 중 콜로쎄오는 벼락 맞아 벨라리오을 위해 세웠던 목재 기둥에 불이 붙으면서 건물의 상부 구조가 붕괴되었고, 관람석도 큰 피해를 입었다. 이에 대한 복원 작업은 217년부터 222년까지 엘리오가발로(Eliogabalo, 218-222) 황제가 복원한 이래 알렉산드로 쎄베로(Alessandro Severo, 222-235) 황제 때도 계속 진행되었다. 복원 후 경기장 최상층 관람석인 쑴마 카베아(Summa cavea)의 원주 회랑에 기념문이 남겨졌다. 보수 기간 동안 원형 경

(사진19) 마크리노 황제

기장은 폐쇄되었지만 대중들이 열광하던 경기를 중단시킬 수는 없었기 때문에, 경기는 대전차 경기장으로 무대를 옮겨 진행되었다. 엘리오가발로 황제의 이중성은 동물을 사랑함과 동시에 맹수사냥 경기도 사랑한 데 있다. 콜로쎄오는 222년 재개방되기는 했으나 완전한 마무리는 기념주화에서 표현된 것처럼 238년 죠르디아노 3세(Giordiano Ⅲ, 238-244) 황제 시대인 듯하다. 238년 죠르디아노 3세는 자신의 페르시아 전승을 축하하기 위해 대규모 동물을 투입하여 사냥 경기와 천명 이상의 검투사를 투입한 경기를 거행하려 했지만 암살당해 실행에 옮겨지지 못했다. 하지만 미리 준비되어있던 동물들과 검투사를 투입하여 그의 암살자였던 필립포 라라보(Filippo L'Arabo, 244-249) 황제가 248년 4월 21일 제국 설립의 천년을 기념하기 위해 대규모 공연을 했다고 한다. 참고로 콜로쎄오가 건축된 것은 제국의 설립 후 834주년에 건축된 것이었다.

이지도로 디 시빌리아(Isidoro di Siviglia)의 연대기에 의하면 콜로쎄오는 250년 또다시 벼락을 맞아 화재로 큰 피해를 입게 되었고 데치오(Decio, 249-251) 황제에 의해 신속하게 보수되었다.

274년 아우렐리아노(Aureliano, 270-275) 황제는 팔미라(Palmira)에서의 전승을 자축하기 위해 대규모의 경기를 벌였다. 전리품으로 가져온 800쌍의 검투사를 비롯하여 여러 종류의 동물들을 투입한 검투사 경기, 사냥 경기, 모의 해전, 전차 경기 등 모든 종류의 경기가 펼쳐졌다.

디오클레찌아노(Diocleziano, 284-305) 황제는 경기를 거행하는 것을 거부했을 뿐만 아니라 선임 황제들이 경기를 위해 사용한 막대한 국고의 낭비도 심하게 비판하였다.

첫 번째 그리스도교 황제인 코스탄티노(Costantino, 312-337)는 즉위 후 얼마 지나지 않은 316년 동물에게 뜯겨죽는 처벌이었던 담나찌오네스 아드 베스티아스(Damntiones ad Bestias)를 죽을 때까지 강제노역에 처하는 담나찌오네스 아드 메탈라(Damntiones ad Metalla)로 전환함과 동시에, 사형을 받은 검투사들의 이마에 낙인을 찍는 것도 금지시켰다. 326년 처음으로 제국 전체에 검투사 경기를 금지시키는 칙령을 내렸다. 그러나 황제의 금지령에도 불구하고 경기는 계속하여 개최되었고, 390년 테오도시오 1세(Teodosio Ⅰ, 379-395)와 발렌티니아노 2세(Valentiniano, Ⅱ 375-392) 황제 시대에도 여전히 콜로쎄오에서는 검투사 경기가 이루어졌다.

(사진20) 코스탄티노 황제

오노리오(Onorio, 395-423) 황제는 397년에 원로들이 검투사를 소유하는 것을 금지했고 404년에는 검투사 경기를 금지시켰지만 그의 집정시기 내내 콜로쎄오에서는 경기가 이루어졌다. 여러 황제들이 검투사 경기를 금지시키려 노력했지만 그것이 무색하게도 438년에도 콜로쎄오에서 버젓이 검투사 경기가 진행되었다는 기록이 남아있다. 그러나 같은 해에 발렌티니아노 3세(ValentinianoⅢ, 419-455)가 다시 검투사 경기를 금지시켰고, 이 시점을 기해 검투사 경기가 사양길로 접어들기는 했지만 이 후에도 콜로쎄오에서 경기가 이루어진 기록이 있는 것으로 보아 대중의 열렬한 사랑을 받았던 경기는 완전히 중지되기는 어려웠던 듯하다. 경기를 금지시키는 여러 차례의 칙령으로 경기장들은 점차적으로 방치되기 시작하였다.

고대의 자료나 문서에서 콜로쎄오에서 그리스도인들이 순교했다는 기록은 찾아보기 어렵다. 그럼에도 불구하고 제국시대 기독교 박해 시기 초기 그리스도인들이 이곳에서 순교 당한 것으로 지금까지 믿어져 오는 이유는 교황들에 의해 이곳이 그리스도인들의 순례지로 포함되었기 때문이다. 그들은 이곳에 기념문과 소제단(Edicola)을 세웠고 이후 원형 경기장의 훌륭함과 영광이 이곳에서 그리스도인들이 순교를 당함으로부터 나온다는 생각이 확산되기 시작했다. 6세기에서 8세기 사이 콜로쎄오를 둘러싸고 순교의 장소로서의 수많은 전설이 형성되었다.

여기서 순교한 일화 중 두 가지를 들자면, 3세기 데치오 황제(Decio, 249-251) 혹은 발레리아노(Valeriano, 253-260) 황제 시대에 있었던 것으로 압돈(Abdon)과 센넨(Sennen) 성인의 순교와 소프로니오(Sofronio), 올림피오 엣수페리아(Olimpio Essuperia)와 테오돌로(Teodolo)의 순교로, 이들은 콜롯쏘 거상 앞으로 끌려와 그들의 신앙을 거부하고 태양신을 숭배하겠다는 다짐을 할 것을 강요당했으나, 이를 거부해 거상 앞에서 순교했다는 것이다. 그들의 시신은 본보기로 거상 앞에 3일간 전시하였다고 한다. 그러나 이 일화는 따지고 보면 콜롯쎄오에서 순교 당한 것이 아니라, 외부의 거상 앞에서 순교당한 것이다.

오노리오 시대의 텔레마코(Telemaco) 수사는 콜로쎄오에서 마지막으로 순교당한 인물로, 그리스 시인 테오도레토(Teodoreto)에 의하면 404년 동방지역에서 로마로 왔었고 경기 중에 경기장에 뛰어들어 검투사 경기를 중지할 것을 호소하였다. 그러나 성난 군중들이 던진 돌에 맞아 수사는 사망하였고 검투사 경기는 중단되었다. 그러나 이후 오노리오 황제는 검투사 경기를 금지시켰고, 이때부터 콜로쎄오는 공식적으로는 맹수 사냥 경기의 장소로만 사용되었다. 410년 비스코티 족의 알라리코(Alarico)의 로마 찬탈(Sacco Di Roma) 이후 오노리오(Onorio) 황제는 콜로쎄오를 보수하였고 아레나를 에워싸고 있는 포디오(Podio)에 기념문을 새겨놓았다.

4세기말 로마의 상황은 매우 암담했다. 고대 건축물들은 붕괴되었고, 흉년이 지속되는 한편, 전염병이 창궐했다. 테베레 강의 지속적인 범람으로 인해 농지는 늪지로 변화했고 로마의 인구는 2세기 중반에 170만 명 정도에 달하였으나 90만 명으로 줄어

(사진21) 루피오 체치나 플리체 람파디오의 복원 기념비

들었다. 이런 상황에서 콜로쎄오와 같은 고대의 기념비가 파괴되고 약탈당하자 408년에 국유재산으로 지정하지만 국가는 이를 보수 유지할 만한 재정이 부족하였다.

발렌티니아노 3세(Valentiniano Ⅲ, 425-455) 시대 442년 지진 후 총감(Praefectus)인 플라비오 시네스토 젠나디오 파올로(Flavio Sinesto Gennadio Paolo)와 루피오 체치나 플리체 람파디오(Rufio Cecina Flice Lampadio)가 콜로쎄오를 보수하고 오노리오 황제의 기념문을 자신들의 기념문으로 교체하였다. 람파디오는 아레나, 출입구, 하부 계단석을 보수하였는데, 이것은 콜로쎄오를 사용하기 위한 목적으로 실현된 마지막 보수이다.

테오도리코 대제(Teodorico, 454-526) 시대에는 경기가 중단됨에 따라 원형 경기장이 사용되지 않았고, 자연스럽게 이에 대한 보수도 중단되었다. 459년에는 콜로쎄오가 복구불가하다는 판단으로 돌을 떼어다 재사용하는 것을 법적으로 인정해주기까지 하였다.

470년 집정관 멧시오 페보 쎄베로(Messio Febo Severo)는 또 다시 지진 피해를 입은 건축물을 보수하였다. 서로마 제국의 멸망 이후, 484년, 혹은 508년 총감(Praefectus)이었던 데치오 마리오 베난찌오 바질리오(Decio Mario Venanzio Basilio)가 자신의 사비를 들여 지진으로 피해 입은 경기장의 아레나와 포디오 등을 보수하였다.

콜로쎄오는 비록 검투사 경기장으로서의 사용은 중단되었지만, 맹수 사냥 경기장으로서는 6세기까지 지속적으로 사용되었다. 523년 테오도리코 대제가 집정관에게 보낸 편지를 보면 목숨을 걸고 싸우는 베나토레스에게 후하게 보수를 지불하라는 내용이

(사진22, 23) 데치오 마리오 베난찌오 바질리오의 복원 기념비

있다. 이는 이 시대에 맹수사냥이 이루어졌다는 것을 보여주는 증거가 된다. 이후 검투사 경기와 마찬가지로 사냥 경기도 금지되었다.

콜로쎄오의 관람석은, 일루스트레(Illustre), 스펫타빌리스(Spectabilis), 클라릿시미(Clarissimi) 등의 사회적인 신분계급에 따라 지정석을 만들어 계단에 이름을 새겼고 새로 자리를 지정받을 때마다 그 전 이름을 지우고 그 위에 다시 새로운 이름을 새겼다. 때문에 계단에 새겨진 이름은 제국의 멸망 이전 마지막 시기의 이름이다. 부분적으로 이루어지는 발굴에서 최근 521년 집정관이었던 요비우스 필립푸스 이멜쵸 발레리우스(Iobius Philippus Ymelcho Valerius)의 이름이 새겨진 대리석 조각이 발견되었다. 이로 인해 6세기에도 원형 경기장이 사용되었다는 것을 알 수 있다.

523년 로마인들은 지진으로 파괴된 계단의 돌을 망가진

(사진24) 요비우스 필립푸스 이멜쵸 발레리우스라고 새겨진 좌석

성벽을 보수하는 데 사용할 수 있도록 허가해 달라고 테오도리코 대제에게 요청할 정도로 이 시기 고대 기념비 보존에 대한 노력과 관심이 전혀 없었다. 이후로는 공연이나 경기에 대한 기록은 전혀 없고 건축물은 방치되었다.

콜로쎄오가 경기장 용도로 사용이 끝난 6세기 이후에 뜻밖의 용도로 사용되기 시작하였다. 바로 6세기 7세기 사이 콜로쎄오 내부에 "콜로쎄오의 자비의 성모마리아(S. Maria della Pietà al Colosseo)" 성당이 건축되었던 것이다. 7세기 초부터 로마에서는 고대 신전을 그리스도교의 성전으로 개조하는 유행이 생겨났다. 609년 보니파시오 4세(Bonifacio Ⅳ, 608-615)는 판테온을 모든 순교자들에게 봉헌된 성모 마리아 성당(Basilica di S. Maria Ad Martyres)으로 개조하였고 630년 오노리오 1세(Onorio Ⅰ, 625-638)는 로마의 원로원(Curia)을 성 아드리아노 성당(Chiesa di S. Adriano)으로 개조하였다. 이 성당은 1922년을 기점으로 스페인 소유에서 이탈리아 국유지로 전환된 후, 고고학적 가치를 살리기 위해 원로원으로 다시 복구가 이루어졌다.

663년 동로마제국의 황제 코스탄테 2세(Costante Ⅱ, 641-668)는 판테온 지붕의 돔을 씌우고 있던 청동 패널을 비롯하여 로마의 고대 기념비들에서 취할 수 있는 모든 금속을 떼어내어 콘스탄티노플로 가져갔는데, 이 때 콜로쎄오 옆 거상 콜롯소를 이루던 청동 부분들도 녹여서 가져갔다. 코스탄테 2세는 로마에서 콘스탄티노플로 돌아가던 중 시라쿠사에서 살해되었고 로마에서 약탈한 금속은 이집트에서 온 사라센인들에게 빼앗겼다.

콜로쎄오는 수세기동안 방치되고 손상되었지만 건축물의 구조는 아직도 훌륭하게 유지되고 있었다는 것은 베다 일 베네라빌레(Beda Il Venerabile)의 유명한 예언으로도 그것의 견고성을 짐작해볼 수 있다.

"콜로쎄오가 서있으면 로마도 서있을 것이고
콜로쎄오가 무너지는 날에는 로마가 무너지고
로마가 무너지면 세계도 무너질 것이다."
(QUAMDIU STABIT COLYSEUS STABIT ET ROMA;
CUM CADET COLYSEUS CADET ROMA;
CUM CADET ROMA CADET ET MUNDUS)

이 건축물이 언제부터 콜로쎄오라고 불렸는지는 정확하지 않지만 플라비아 왕조의 원형 경기장(Amphiteatrum Flavium)을 베다 일 베네라빌레가 처음으로 콜로쎄오라는 명칭을 사용한 듯하다. 그러나 소수 학자들은 그가 말한 콜로쎄오는 건축물이 아니라 황금 거상 콜롯쏘(Colosso)을 의미한 것이었다고 본다.

벨리아(Velia) 언덕 쪽에 있었던 네로의 황금 궁전 현관

(사진25) 황금 궁전의 현관 위치의 비너스와 로마 신전

앞에는 황금 청동거상이 설치되어있었다. 이 작품은 카레스 디 린도스(Chares Di Lindos) 작품인 로디의 콜롯쏘(Colosso di Rodi)의 영향을 받아 제노도로(Zenodoro)가 만든 것으로 사이즈는 로마인들의 척도 120피에디(Piedi), 약 36미터에 해당한다. 로마에서 처음 만들어진 대형 작품이었는데, 그 규모 때문에 거대하다는 의미로 콜롯쏘(Colosso, 라틴어 Colossus Neronis:네로의 거상)라고 불렸었다. 126년 아드리아노 황제가 청동상이 있던 위치에 비너스와 로마 신전(Tempio di Venere e Roma)을 건축하기 위해 콜롯쏘를 원형 경기장 앞으로 옮기면서 콜로쎄오와 마주보는 사이가 되었다. 이를 옮기기 위해 코끼리 24 마리가 동원되었다고 하니 청동상이 웅대한 규모를 짐작할 수 있다. 베스파시아노는 네로 황제의 사망 후 기록말살형(Damnatio Memoriae)의 일환으로 조각상의 머리를 태양의 신, 솔 인빅투스(Sol Invictus) 모습으로 탈바꿈시켰고 빛의 왕관을 씌웠다. 후에 콤모도(Commodo) 황제는 머리를 다시 헤라클레스 모습인 자신의 초상으로 바꾸었고, 그의 사후 다시 태양의 신 모습으로 교체되었다. 옮겨진 청동상이 위치하던 부분은 현재 화산석 기초를 만들어 표시되고 있다. 사실 세월이 흐름에 따라 이 청동상에 대한 기억도 어렴풋한 것이 되었다.

(사진26) 네로 거상의 주춧돌 부분

(사진27) 네로 거상의 주춧돌 표시부분

이 건축물이 콜로쎄오로 불린 이유는 경기장 앞으로 이전된 네로 황제의 거상 콜롯쑤스 네로니스(Colossus Neronis)에서 콜로쎄오가 유래했다는 설이 가장 널리 받아들여지지만 이견도 존재한다. 베스파시아노 황제는 거상의 머리를 태양의 신 모습으로 바꾸고 그리스도인들에게 이 거상 앞에서 그를 숭배합니까(Colis eum)?이라고 물었던 데서 콜로쎄오가 유래했다는 설이 있다. 또 하나는 조각이 제작된 지명에서 유래했다는 주장으로 이지데(Iside) 신전이 있었던 "레지오 이지데 에트 세라피데(Regio Iside et Serapide)"의 지명 "콜리스 이제이(Collis Isei:이지데 언덕)"에서 유래했다는 것이다.

콜로쎄오는 801년과 847년의 지진으로 큰 피해를 입었다. 이로 인해 건물을 장식하던 장식품들이 떨어져 나가고 부분적으로 붕괴되는 등 건축물이 파괴되었다. 게다가 관람객들이 버린 음식물 찌꺼기, 죽은 동물의 뼈, 떨어진 석재, 흙 등으로 하수구가 막히면서 이 지역이 침수되었고, 바로 이것이 콜로쎄오 손상의 가장 큰 요인 중 하나로 작용하였다. 4세기에 와서는 내부의 하수구는 그 기능을 완전히 상실하였다. 그 후 점차적으로 방치된 콜로쎄오는 그 주변과 아레나, 심지어는 건축물의 벽에도 식물이 무성하게 자라자 가축을 위한 목초지로 전락하였다.

로마 주변의 전원에서 볼 수 있는 대부분의 식물들은 콜로쎄오에서도 자랐다. 뿐만 아니라 관객이 버린 씨나 동물들의 배설물에 의해 남겨진 희귀한 식물들도 다양하게 자랐다. 1815년 로마의 식물학자 안토니오 세바스티아니(Antonio Sebastiani)는 <콜로쎄오의 식물>(Flora Colisea)이라는 책을 출판했는데, 여기에 261종의 식물이 열거되어 있다. 그 후 1855년 런던에서 리처드 디킨(Richard Deakin) 교수가 출판한 <콜로쎄오의 식물> (Flora of the Colisseum)에는 420여종의 식물이 소개되었다.

10세기까지 이 건축물이 사용된 용도에 대해서는 자료의 부족으로 정확한 언급이 어렵다. 11세기 초부터 콜로쎄오는 주거지와 크립타(Crypta)로 사용되었다는 기록이 남아있다. 그 당시 문서로 보면 크립타는 지붕이 있는 건축물을 칭했던 것으로 경기장의 내부 공간을 외양간, 창고, 작업장, 주거지 등의 다양한 용도로 사용했던 듯하다. 이것은 콜로쎄오 뿐만 아니라 고대 유적지들이 밀집되어있었던 팔라티노(Palatino), 캄포 마르찌오(Campo Marzio), 마르첼로 극장(Teatro di Marcello) 등에서도 이루어진 일이었다.

11세기 말부터 콜로쎄오는 원래의 목적과는 다르지만 다시 존재의 의미를 갖기 시작하였다. 교황권의 강화를 꿈꾸던 그레고리오 7세(Gregorio VII, 1073-1085)와 신성로마제국의 황제 엔리코 4세(Enrico IV)의 권력분쟁 이후 어지러운 시기를 틈타 대부분이 교회의 재산이었던 로마의 많은 기념비들을 로마의 귀족 가문들이 하나씩 차지하기 시작하였다. 아드리아노 영묘는 오르시니(Orsini) 가문, 아우구스토 영묘와 코스탄티노 욕장은 콜론나(Colonna) 가문, 콜로쎄오와 그 일대는 프란지파네(Frangipane)

가문이 차지하였다. 그들은 콜로쎄오 내부에 자신들의 궁을 짓고 요새로 개조하여 사용하였다. 그들의 영향력은 포로 로마노와 대전차 경기장까지 포함하는 방대한 지역에 미쳐있었고 아직도 대전차 경기장의 중세 구조물은 그들에 의한 것이다. 이곳은 위치상으로도 로마의 주요지역을 감시할 수 있는 위치일 뿐만 아니라 로마로 들어오는 주요도로도 감시할 수 있는 좋은 위치였다.

교황 인노첸쪼 2세(Innocenzo Ⅱ, 1130-1143)의 사후 1143년 아르날도 다 브레샤(Arnaldo da Breschia)의 주도 하에 로마에 민중봉기가 일어나 교황이 로마에 행사하는 세속적인 권력을 부정하고 로마 원로원(Senato Romano)이 결성되었다. 그들은 당시 귀족 가문이 차지하고 있던 고대 기념비들의 소유권이 로마 원로원에 있다고 선포하였다. 그러나 오래가지 않아 페데리코 1세 바르바롯사(Federico Ⅰ Barbarossa, 1155-1190)가 교황 아드리아노 4세(Adriano Ⅳ, 1154- 1159)의 요청으로 이 사건에 개입하면서 로마 원로원은 강제로 해산되었다. 덕분에 프란지파네 가문이 콜로쎄오의 소유권을 유지할 수 있었던 것처럼 다른 귀족 가문들도 고대 기념비들을 계속 차지할 수 있었다. 피

(사진28) 대전차 경기장의 프란지파네 가문의 구조물

(사진29) 형제회에서 남긴 그들의 문장

에트로 안니발디(Pietro Annibaldi)는 콜로쎄오를 빼앗기 위해 1216년 근처에 탑을 세워 프란지파네 가문을 감시하면서 공격하려 하였다. 안니발디 가문은 1241년 페데리코 2세(Federico II, 1220-1250)와 교황 그레고리오 9세(Gregorio IX, 1227-1241)의 힘을 입어 콜로쎄오 반쪽을 빼앗을 수 있었다. 이제 콜로쎄오의 지층은 프란지파네 가문, 2층은 안니발레 가문이 소유하게 되었다. 프란지파네 가문은 콜로쎄오를 통체로 차지하기 위해 교황 인노첸조 4세(Innocenzo IV, 1243-1254)에게 이 계약을 무효화 시켜달라고 요청하지만 받아들여지지 않았다. 안니발디 가문은 소유권을 계속 유지할 수 있었지만 얼마 가지 않아 결국 엔리코 7세(Enrico VII)의 명으로 두 가문 모두 콜로쎄오를 교황청에게 양도할 수밖에 없었다. 그 후 프란지파네 가문은 콜로쎄오 주변의 재산을 오르시니 가문

(사진30) 파올루스 팔로니우스 문장

에게 모두 팔았다. 인노첸쪼 4세는 1244년 이 기념비가 교황청의 재산임을 선포하였고 사용할 수 있는 모든 부분을 상점, 작업실, 가옥 등으로 양도하였다.

1332년 신성 로마 제국의 황제 루도비코 4세(Ludovico Ⅳ, 일명 Il Barbaro, 1328-1347) 황제가 로마에 왔을 때 로마 원로원은 그의 명예에 헌정하는 황소 사냥 경기를 콜로쎄오에서 거행하였다. 엄청난 관람객이 몰렸다고 전해지는데, 이것은 콜로쎄오가 그 본래 기능을 마지막으로 수행한 것이다.

아비뇽 유수(1309-1377) 기간 동안 콜로쎄오와 그 주변은 범죄자들의 소굴로 매춘부, 도둑, 강도들이 밀집하여 거주하는 지역으로 전락하였다. 로마 원로원은 이 지역을 정상화시키고 관리 감독을 지성소의 거룩한 구세주 형제회(Confraternita del SS. Salvatore ad Sancto Sanctorum)에게 위임하였다. 이들은 1246년부터 형성된 단체로 1517년 콜로쎄오에 있는 피에타 성당 내부에 소성당을 건설하고 성금요일의 재현 행사를 콜로쎄오에서 거행하였다. 이 성금요일 예수의 고난을 재현하는 행사에는 많은 신도들, 아니 지나치게 많은 사람들이 참여하였고 결국 대중의 안전을 위한다는 이유로 간헐적으로 금지시키다가 1539년에는 완전히 금지시켰다. 1540년 파올로 3세 시대에 거룩한 구세주 형제회의 일원이었던 로마의 여러 가문들이 콜로쎄오의 2층에 자신들의 문장을 새겨놓았다. 그들 중의 한 예로 많은 가문의 일원이 형제회에서 활동하였던 완벽하게 완성된 문장은 아니지만 팔로니(Paloni) 가문의 문장도 있다.

그들의 엄격하고 철저한 감시 활동 덕분에 이 지역이 정상화 된 것에 대한 감사의 표시로 1381년 콜로쎄오의 ⅓을 이들

(사진31) 세 소유주들의 상징 문장 그림

에게 기증하면서, 콜로쎄오의 소유권이 로마 원로원, 교황청, 형제회로 3등분되었었다. 콜로쎄오 아치에 구세주를 표현한 그들의 문장을 새긴 것도 형제회에 의한 것이다. 이 문장은 발라디에르 복원의 끝 부분의 아치 위에 새겨졌다. 그 외에 인접한 콜로쎄오의 아치 위에 이들 소유권자들의 문장을 그려놓았는데 거의 형체를 알아보기 어렵지만 라테라노의 싼 죠반니 성당의 병원(Ospedale S. Giovanni in Laterano)에 남아있는 그림에 표현된 것으로 보면 바티칸 문장, 형제회 문장, 로마 원로원의 문장 순으로 묘사되어 있다. 아비뇽의 유수가 끝났지만 양쪽에서 모두 교황을 선출하는 현상이 일어났다. 아비뇽과 로마에 교황이 두 명이 있었던 1378년에서 1417년 사이의 시기를 서구대이교라고 부른다. 이것은 콘스탄츠 공의회에서 마무리되었고 마르티노 5세(Martino V, 1417-1431)은 공의회의 결정을 따라 1420년 로마로 왔는데 로마는 도시 전체가 황폐되었었기 때문에 그는 도시를 새로 대대적인 정비를 하였다. 형제회는 이때에도 소유권을 유지할 수 있었다. 1604년까지도 로마 원로원은 형제회 소유권을 인정하고 있었는데 이들은 자신들의 소유부분을 로마의 백성에게 기증하였다. 그러나 그전까지 형제회에서는 콜로쎄오에서 자유롭게 석재를 채석하였다.

1349년에 일어난 강한 지진은 콜로쎄오의 첼리오 언덕

방향인 남쪽 끝부분의 외벽 두 겹의 붕괴를 가져왔다. 이때부터 붕괴되어 무너진 엄청난 규모의 석재를 새로운 건축물에 재사용하기 시작하였고, 그 후 약4세기동안 채석장으로 사용되었다.

에우제니오 4세(Eugenio Ⅳ, 1431-1447) 시기인 1439년에는 라테라노의 성 요한 성당(Basilica di S. Giovanni in Laterano)의 후진(Tribuna)을 복원하기 위한 석재로 사용되었다. 1451년에서 1452년 사이 니콜로 5세(Nicolò Ⅴ, 1447-1455)는 성 베드로 성당과 도시의 성벽을 위해 9개월 동안 2522 개의 수레에 석재를 콜로쎄오로부터 가져갔고, 그 중의 일부는 분쇄하여 사용하였다. 1450년 피에트로 바르보(Pietro Barbo, 후에 파올로 2세 Paolo Ⅱ, 1464-1471) 추기경은 베네치아 궁(Palazzo Venezia)에 부속된 산 마르코 성당(Basilica di S. Marco)의 건설을 위해 콜로쎄오의 석재를 떼어가면서 담당 건축가들에게 건축물의 아치들을 마음대로 철거할 수 있는 권한을 주었다.

15세기와 16세기 사이 이미 붕괴되어 가던 부분과 석재를 얻기 위해 체계적으로 붕괴시킨 트라버틴 대리석은 칸첼레리아 궁(Palazzo Cancelleria), 파르네제 궁(Palazzo Farnese) 등 새로운 건축물을 짓기 위해 재사용되었다. 캄피돌리오(Campidoglio) 언덕의 세나토리오 궁(Palazo Senatorio)과 콘세르바토리 궁(Palazzo dei Conservatori)의 장식을 위한 대리석은 16세기에 콜로쎄오에서 떼어간 것으로 이루어졌다.

피오 5세(Pio Ⅴ, 1566-1572)는 로마에 있는 이교도 문화가 남긴 흔적을 없애기 위한 계획을 세웠고, 콜로쎄오도 이에 포함되어 철거 위기에 놓였지만 이곳이 순교자들의 피가 깃든 곳이라는 이유로 마음을 바꾸면서 그리스도인들의 순례지로 지정되

(사진32) 콜로쎄오 전경 1544년경
카피톨리니 박물관

었고 희생을 면하게 되었다. 교황의 양면성은 심지어는 콜롯쎄오의 흙이 순교자의 피가 깃들었음으로 거룩하다고 하여 성 유물의 가치도 부여하였다는 것이다.

1585년 교황으로 선출된 시스토 5세(Sisto V, 1585-1590)는 콜로쎄오가 로마인들의 일상생활에서 완전히 분리된 것을 보고 이 주변을 철거하기로 결정하였고 그 첫 번째 작업으로 셉티조니오(Settizonio)를 철거하였다. 캄피돌리오에서 라테라노 성당까지의 이동 경로에 장애를 주지 않게 하기 위한 것이기도 하였다. 그러나 로마인들의 반대에 부딪혔거나 아니면 도시계획 차원에서의 활용도를 보았거나 급작스럽게 마음을 바꾸어 경기장을 순례지로 포함하기로 결정하였다. 그는 거룩한 그리스도교적인 로마를 만들기 위해 이교도적인 것을 종교적인 것으로 전환하는 일환으로 원주들을 재사용하였고 오벨리스크를 이전하였다.

이 지역의 도시 정비 계획은 도메니코 폰타나(Domenico Fontana)에게 의뢰되었지만 교황이 사망으로 실현되지 못했고 문서상으로만 남은 계획이 되었다.

1671년 콜로쎄오에서 황소 경기 개최를 승인한 것에 대해 격분하며 콜로쎄오를 완전히 성지화 할 것을 카를로 데 톰마시(Carlo De Tommasi) 신부가 건의하였다. 이렇게 클레멘테 10세(Clemente X, 1670-1676)는 다시 콜로쎄오에 관심을 갖은 교황으로 쟌 로렌쪼 베르니니(Gian Lorenzo Bernini)에게 의뢰해 아레나 중앙에 성당을 건축할 계획을 세웠다. 그러나 자금 부족과 더불어 이를 부추기던 데 톰마시(De Tommasi) 신부가 사망하였고 그 이듬해에 교황도 사망하면서 실현되지 못하였다. 클레멘테 10세는 경기장의 출입구를 목재로 봉쇄시키고 내부의 아랫부분 아치를 벽으로 막았으며 아레나에 십자가를 세우게 하였다. 그는 1675년 희년에 여기서 순교당한 수많은 그리스도인들을 기념하기 위해 콜로쎄오를 성지로 만들었고 외벽에 순교자들을 기리기 위한 기념문을 첨부하였다.

1694년 우르바노 8세(Urbano Ⅷ, 1623-1644)는 콜로쎄오의 떨어진 돌들을 주어다 바르베리니 궁(Palazzo Barberini)을 짓기 위해 사용하였다.

1703년 다시 지진 피해로 첼리오 언덕 쪽의 아치들이 붕괴되자 클레멘테 11세(Clemente Ⅺ, 1700-1721)는 이 석재를 알렛산드로 스펙끼(Alessandro Specchi)의 설계로 이루어진 리펫타 항구(Porto di Ripetta)와 그 외의 다른 건축물들을 건설하기 위해 재사용하였다. 클레멘테 11세는 건축가 카를로 폰타나(Carlo Fontana)에게 아레나에 순교자들을 위한 성당 건축을 의뢰하였으나 실현되지 않았다. 출입구를 봉쇄하던 문들이 심하게 손상되어 다시 범죄자들 소굴로 전락하는 것을 막기 위해 1714년 외부 아치를 봉쇄하고 벽을 보수하였다. 이렇게 한때 악귀의 전당이었던 콜로쎄오는 순교자들의 전당으로 수차례 변신이 시도되었다.

1743년 교황 베네뎃토 14세(Benedetto ⅩⅣ, 1740-1758)는 콜로쎄오 상부 층과 내부의 자비의 성모마리아 소성당(S. Maria della Pietà)을 복원했다. 1744년 아레나 주변에 십자가의 길

(사진33) 복원된 십자가 길 제단 한 개

(Via Crucis)의 14개 소제단을 건설하게 하였다. 이때 콜로쎄오의 기본 건축 구조에 피해를 입히지 않도록 주의를 기울였고 이것은 건축가 파올로 포지(Paolo Posi)의 설계로 실현되었다. 1874년부터 철거되기 시작한 소재단들 중 현재 남아있는 소제단은 거의 한 세기가 지난 후에 콜로쎄오 내부에 살아남아있었던 석재를 이용하여 재건된 것이다. 재건의 목적은 종교적인 것에서 벗어나 문화적인 역사의 가치를 부여한 것이다. 또한 교황은 중앙에 클레멘테 10세가 세웠던 십자가를 대신하여 새로운 십자가를 설치하였다. 1749년에는 콜로쎄오를 그리스도와 순교자들을 위한 성지로 선포하였고 이때부터 콜로쎄오는 자재를 공급하는 채석장으로의 활용이 금지되었다. 그러나 베네뎃토 14세는 콜로쎄오 유지를 위한 보수작업은 하지 않았기 때문에 건축물 자체를 위한 복원 사업이 시급

(사진34) 소제단과 함께 설치된 십자가

(사진35) 베네뎃또 14세 복원 기념문

히 요구되었다. 복원 계획에는 수많은 계획안이 제출되었다. 이 중 데 로마니스(De Romanis)의 계획은 붕괴된 부분에 버팀벽을 만드는 것이었다. 그러나 이 계획은 첼리오 언덕 쪽의 붕괴 위험이 닥쳤을 때까지 실현되지 않았었다. 이후 콜로쎄오의 구조적 안정을 위한 작업은 지속적으로 이루어졌다. 19세기 초 콜로쎄오는 망가질 대로 망가져있었고 이시기에 복원이 이루어지지 않았다면 아마도 콜로쎄오는 붕괴되었을 것이다. 이 시기에 안정성을 위하 여기저기 금속 체인과 금속 심을 삽입하였고 벽돌로 재건하였다.

19세기 초 로마의 정치 상황은 프랑스에 의해 지배되고 있었다. 당시의 프랑스 총감 카밀 데 투르농(Camille de Tournon)은 나폴레옹 정부에 로마를 정비하기 위한 대규모의 도시정비 사업안을 제시하였다. 이것은 로마에서 실현된 첫 번째 도시계획 안이었다. 요지는 두개의 고고학 공원을 실현하는 것으로, 하나는 공회장, 팔라티노, 무리챠 계곡(Valle Muricia) 지역으로, 이에 대한 책임은 카를로 페아

(사진36) 이 십자가에 입 맞추면 1년 11일의 면벌을 받는다.

(사진37) 스테른의 복원부분

(Carlo Fea)와 쥬젭페 구앗타니(Giuseppe Guattani)에게 위임하고 다른 하나는 이 주변 지역으로 쥬젭페 발라디에르(Giuseppe Valadier)와 라파엘레 스테른(Raffaelle Stern)에게 감독직이 돌아갔다. 이 계획의 첫 작업은 콜로쎄오 주변 공회장과 콜로쎄오 사이에 세워진 건물들을 철거하는 것이었고, 두 번째 작업은 콜로쎄오의 구조와 상태를 정확하게 파악을 하기 위해 콜로쎄오 주변과 내부 계단을 덮고 있는 흙을 제거하는 것이었다. 이 때 참여했던

(사진38) 카를로 루칸젤리의 모형

카를로 루칸젤리(Carlo Lucangeli)는 콜로쎄오 상부 층에 있는 안티과리움(Antiquarium)에 전시되어있는 콜로쎄오의 목재 모형을 제작하였다. 18세기 후반에는 고대 유적에 대한 관심이 높아지면서 많은 건축가들이 삼차원적으로 모형을 만드는 것이 유행이었다. 그는 콜로쎄오에 대한 심도 있는 연구 끝에 1790년에서 1812년 사이에 이를 실현하였다. 현재의 모습은 2000년에 복원이 이루어진 것이다.

1811년 안토니오 카노바(Antonio Canova)는 콜로쎄오의 상태와 복원의 방법을 제시하는 내용의 편지를 프랑스의 정치가였던 다루(Daru) 백작에게 보냈다. 거의 붕괴된 복도는 떨어진 오리지널 석재를 이용해 복원하고 물길을 만들어 기념비 내부로 흘러드는 것을 막아 건축물의 안정성을 위협하는 문제를 해결하려 하였지만 이것은 매우 어려운 작업이었다. 콜로쎄오로 흘러드는 물은 건축물 구조의 안정성을 위협하는 큰 문제였기 때문에 1811년 페아(Fea), 1814년 발라디에르의 복원 및 발굴 시에도 주변 지역과 벨라브로(Velabro)지역의 물길을 조사하여 해결하는 방법을 연

(사진39) 상부에 떨어지는 돌을 붙인 부분

구할 수밖에 없었다.

나폴레옹 시대에 투르농이 시작한 도시정비를 마무리해야 할 필요성이 대두됨에 따라 피오 7세(Pio Ⅶ, 1800-1823)는 동일 인물들로 구성한 특별 위원회(Commissione Straordinaria)를 발족시켰다. 아고스티노 리바롤라(Agostino Rivarola) 추기경을 중심으로 페아, 발라디에르, 캄포레지(Camporesi), 스테른, 팔랏찌(Palazzi) 등이 참여하여 로마를 정비하고 미화하였다.

위원장이었던 스테른은 두 가지 해결책을 제시하였다. 첫째 붕괴의 위험이 있는 곳을 제거하는 방법과 둘째 벽돌로 부벽을 만들어 구조들을 보강하는 방법이었다. 부벽은 안정성과 경제성을 다 충족시키는 것이었기 때문에 교황의 승인을 받을 수 있었다. 복원은 부벽으로 각층의 둘째 아치까지 막는 것으로 이루어졌다. 그러나 이것은 이상적인 복원이라고 보기보다 신속한 대처의 필요성과 경제적인 이유가 결합된 응급처치였다. 상부 쪽에 떨어져가는 돌덩어리들을 붙인 것은 응급처치를 위한 방법으로 사용된 것이 아니라 낭만적인 의미의 부여와 함께 붕괴되는 순간을 묘사하려는 의도가 더해진 것이다. 스테른은 거대한 부벽을 콜로쎄오의 색깔과 차이를 줄이기 위해 회벽으로 칠하려 하였으나 실현되지 않았다. 스테른의 복원은 후에 "목발(Stampella)"이라는 별명으로 불리기도 했다.

(사진40) 발라디에르에 의한 복원 부분

1823년 레오네 12세(Leone XII, 1823-1829)는 메타 수단스(Meta Sudans)가 있는 공회장 쪽에 또 다른 부벽을 설치하는 것을 발라디에르에게 요청하면서 원래의 건축물을 최대로 보존할 것을 주문하였다. 그는 본래의 모습과 동일한 아치를 실현하였다. 그러나 전체적으로 벽돌을 이용하였는데, 원래의 모습과 차이를 두기 위해 다른 자재를 사용한 것보다 경제적인 이유와 건축물의 기술적인 안정감을 위한 목적이 더 크게 작용하였다. 동일한 자재 트라버틴은 주두와 기초부분에만 사용되었다. 이 경우도 미적 외관을 해치지 않기 위해 트라버틴 색으로 칠하여 맞추었으나 후에 제거되었다.

스테른의 복원이 붕괴의 위험에서 신속한 대처가 요구되어 이루어진 것이었던데 반해 발라디에르의 복원은 약 10년에 거쳐 이루어졌고, 건축적인 측면은 물론 미적인 면도 고려되었던 복

(사진41) 살비에 의한 복원 부분

원이었다.

1845년 그레고리오 16세(Gregorio XVI, 1831-1846)는 첼리오 언덕을 향한 붕괴된 부분의 복원을 가스파레 살비(Gaspare Salvi)에게 의뢰하였다. 살비의 작업은 건축물을 유지하기 위한 가장 시급한 필요가 요구되고 있던 곳을 복원하는 것이었다. 그는 산 그레고리오 가(Via S. Gregorio) 방향의 세

(사진42) 그레고리오 16세 복원 기념문

(사진43) 피오 9세의 복원 기념문

번째 외벽에서부터 복원을 시작하였다. 트라버틴 기초가 남아있는 부분 위에 완전히 벽돌로 아치를 만들었다. 아치는 새로운 부분과 원래 부분을 연결하기 위해 부벽에서부터 시작하였으므로 확고한 안정감을 주었다. 새로운 아치는 비페달리스를 이용하여 경계를 두었고 1단의 외벽을 채우는 것은 트라버틴을 이용하였다. 1849년 살비가 사망하자 루이지 카니나(Luigi Canina), 루이지 폴렛티(Luigi Poletti), 클레멘테 폴끼(Clemente Folchi) 등이 참여한 복원 위원회가 구성되었다. 카니나는 복원 총책임자로 같은 방향의 건축물 상부의 내부 급경사가 주는 문제를 새로 건설된 부벽에 철을 이용해 당기는 방법으로 해결하였다.

(사진44) 카니나에 의한 복원 부분

가장 마지막에 실현된 대규모의 복원은 1852년 피오 9

(사진45) 이중 체인을 이용하여 당긴 부분

세(Pio IX, 1846-1878)가 의뢰했던 것으로, 단축의 황실전용 출입구를 복원하는 것이고, 역시 카니나에게 의뢰되었다. 현재 안니발디 가(Via degli Annibaldi) 방향으로 기본 축에서부터 약 60센티미터 벗어나 있었지만 가장 보존이 잘된 부분이고 최 상부까지 유지되고 있는 부분이다. 급경사면의 가장 외부 쪽에 지지할 수 있는 구조물이 필요했었다. 이렇게 네 번째 층의 두 번째 외벽에 축에서 벗어난 가장 높은 부분의 안정성을 확보하기 위해 이중 체인을 삽입하였다.

19세기에 활발한 복원 사업 이후 20세기에 들어서면서

(사진46) 철을 이용하여 당긴 부분

콜로쎄오는 다시 잊혀졌다. 파시즘 시대에 고고학적 문화유산을 부각 시키려는 의도가 있었지만 일부 계단을 재건축하는 정도에 그쳤다. 1933년-1936년 무솔리니(Mussolini)가 황제들의 공회장 가도(Via dei Fori Imperiali)를 실현하기 위해 메타 수단스(Meta Sudans)와 콜로쏘의 주춧돌 부분을 완전히 철거하였다. 1938년과 39년에는 아레나의 지하부분의 구조를 파내고 재건하면서 변화된 부분도 철거되었다. 이 때 동쪽 관람석의 일부가 재건되었다.

(사진47) 철을 이용하여 당긴 세분

대규모의 붕괴는 없었지만 지속적으로 석재가 떨어지면서 1945년에서 1965년 사이에 콜로쎄오는 봉쇄되었다. 70년대에 들어서면서 부분적으로 개방되기 시작한 후 지속적으로 조금씩 개방되었고 현재에는 아레나의 지하부분과 상부층까지 개방된 상태이다. 1978년에 대규모의 복원이 이루어졌다. 피오 7세 때 스테른에 의해 복원한 버팀벽 안의 내부 원형벽체의 6개의 각주를 복원하였다.

1992년 새로운 복원사업이 착수되었다. 이 복원의 가장 중요한 초점은 때를 벗겨내는 것과 트라버틴으로 된 전체적인 구조의 안정을 위한 기반을 튼튼히 하는 것에 맞추어진 것이다. 가장 최근에 이루어진 복원은 2016년 패션 업체인 토즈(Tod's)에서 250만 유로를 후원해 건축물의 표면에 때를 벗겨내는 작업을 중심으로 복원이 이루어진 것이다.

(사진48) 이탈리아 주조 5센트

2000년부터 콜로쎄오는 이탈리아의 5센트 유로에 삽입되었고 2007년에는 콜로쎄오는 새롭게 선정된 세계7대 불가사의에 포함되었다. 유럽 건축물 중에서는 유일한 것이다. 콜로쎄오는 이탈리아에서 가장 많은 관람객이 찾는 명소일 뿐만 아니라 명실상부 로마의 상징이다.

그리고 지속적으로 부분적인 발굴이 이루어지고 있으며

(사진49) 새로 발견된 기마상의 일부분

새로운 유물들이 아직도 간헐적으로 발견되고 있다. 발견되는 유물들은 각각 정확한 규명에 부족했던 증거자료를 제공해주는 중요한 단서가 되고 있다. 이미 언급하였지만 최근에 이름이 써져 있는 대리석 조각이 발견됨으로 시기와 인물을 접목시켜 콜로쎄오 변천사를 확인할 수 있는 자료도 제공해준다. 그 예 중 하나인 우측 사진은 기마상의 일부로 2008년에 발견되었고 2009년부터 전시되고 있다. 왜 이곳에서 발견되었는지 어느 시기인지 등의 궁금증은 연구발표가 발표되면서 우리 같은 일반인들의 궁금증도 해소할 수 있으리라 기대해본다.

5. 콜로쎄오의 구조

(사진50) 콜로쎄오 전경

네로의 황금 궁전의 인공호수 위치에 플라비아 왕조가 장소를 선정한 것은 앞서 밝혔듯 정치적 선전의 의미를 가지고 있지만 네로가 이를 실현할 때 만든 건축물의 기초가 이미 준비되어있었고 배수처리를 할 수 있는 하수로 클로아카 막시마(Cloaca Massima)도 있었으므로 수분을 제거하고 배수하는데 용이했던 실질적인 이유도 있었다.

아레나의 하부를 만들려면 약 35.000㎡, 건축물의 기초를 마련하려면 90,000㎡의 흙을 제거했어야 하는데 총 125.000㎡의 흙을 현대적인 도구 없이 제거해야 했을 것을 감안한다면 많은 시간과 경비가 소요되었을 것이다. 즉 장소의 선정은 경제적인 면과 시간 절약을 위한 것도 많이 작용했을 것임을 짐작할 수 있다. 콜로쎄오를 건축하는데 5년이 소요되었는지 8년이 소요되었는지 정확하지는 않다. 건축기술에 다음 세기 초에 지어진 판테온에서처럼 혁신적인 것이 사용된 것이 아니지만 건축물의 규모뿐만 아니라 관객의 흐름을 위한 기능성이 고려되었다는 것을 보면 놀랍다.

1) 콜로쎄오의 외벽과 사용된 오더

콜로쎄오에는 로마 건축의 특성과 그리스 건축의 특성이 복합적으로 사용되었다. 건축물의 형태는 로마시대 공연문화용 건축물의 전형에 따라 만들어진 것이다.

외벽의 높이는 48.50 미터이고 4층으로 이루어져 있다. 외벽의 두께는 육안으로는 일정한 것처럼 보이지만 하단 2.70미터에서 1.90미터로 상부로 올라가면서 조금씩 얇아지며 외벽의 평균 두께는 약 2.30미터이다. 외벽의 각층마다 그리스 건축 특징인 세 개의 오더를 일부 변형하여 사용했다.

(사진51) 2층 천정의 크로스 볼트

1층의 아치 80개중 76

(사진52) 아치 위에 표기된 출입구 번호

개의 아치 중앙에는 고유번호가 표기되어 있다. 장축과 단축의 십(十)자로 분리된 각각의 끝 부분에는 특별한 목적의 출입구를 두어 조각과 부조들을 이용하여 장식된 프로나오(Pronao)가 설치되었다. 네 개의 출입구는 번호 대신 이름을 부여되었다. 이들 중 현재 31개의 아치와 특수기능의 출입구 한 개가 보존되어있다. 하부에서부터 3층까지는 각층에 원형 복도가 있고 천정은 1층은 배럴 볼트, 2층은 크로스 볼트를 사용하여 처리되었다. 외벽에는 그리스 오더인 도리안, 이오니안, 코린트 양식 등 1층부터 3층까지 각각 적용하여 장식하였다.

1층에는 도리안 양식(Stile Dorico)의 변형인 투스카니코 양식이 사용되었다. 기둥의 길이가 10.50미터이고 기둥 사이에 삽입된 형태인 아치의 높이는 7.35미터, 넓이는 4.5미터인데 상부층의 아치보다 높다.

도리안 양식은 그리스의 대표적인 민족 중의 하나인 도리스인들의 창조물로 그들의 서쪽 식민지였던 시칠리아를 포함한 이탈리아 남부, 소위 대 그리스(Magna Grecia)지역까지 확산되어 널리 사용되었던 양식이다. 기원전 5세기에 최고의 발전을 이루었던 이 양식의 특징은 남성적인 것과 견고함으로 정의되는데, 이런 특성은 로마인들에게 특히 선호되었다. 그러나 기원전 1세기의 건

(사진53) 각 층마다 사용된 서로 다른 오더

축 공학자였던 비트루비오(Vitruvio)의 저서를 보면 로마인들은 에트루리아인들이 도리안 양식을 단순화시켜 만들어낸 투스카니코 양식(Stile Tuscanico)을 사용하였다고 한다. 이 양식은 라틴어 투스카니쿠스(Tuscanicus)에서 유래한 것이며 토스카노(Toscano) 양식이라고도 부른다. 이 도리안 양식의 에트루리아 버전이 로마건축에 도입되어 널리 사용되었고, 르네상스 건축에도 많이 사용되었다. 도리안 양식과 거의 대부분의 주요 특성이 동일하다는 점에서 도리안 양식이 변형된 것이라는 것이 무시할 수 없는 이론이다.

2층에는 이오니안 양식(Stile Ionico)을 사용하였고, 기둥은 기초를 포함, 길이가 11.82미터이고, 아치의 높이는 6.70미터로 높이는 줄어들었지만 넓이는 1층과 동일하다.

이오니안 양식은 도리안 양식과 같은 시기에 발전된 것이나 대중적으로 사용되기 시작한 것은 기원전 5세기경이다. 이 오더가 많이 사용된 곳은 당연히 이오니아 지역이고 그들의 영향권 아래에 있던 소아시아 지역에서도 널리 사용되었다. 도리안, 이오니안 등의 명칭은 발전한 지역 이름에서

(사진54) 아치 안을 장식하던 석상들, 루칸젤리 모형 세분

유래한 것으로 이 두 양식은 같은 건축물에도 혼용하여 사용되는 경우가 많았다. 이오니안 양식 주두 좌우 소용돌이 표현은 아마도 골뱅이나 고사리 형태 등 자연에서 그 요소를 차용하여 사용했던 것으로 보인다. 이 양식의 최고의 표현은 기원전 340년경 그리스 피리에네(Piriene)에 있는 아테나 폴리아스 신전(Tempio di Atena Polias)이다. 비트루비오가 말하는 이 양식의 특징은 여성적인 섬세한 아름다움, 가벼움, 경쾌함 등으로 표현된다고 한다.

3층과 4층은 코린트 양식(Stile Corinzio)을 사용하였다. 3층의 기둥은 기초를 포함한 길이가 11.65미터이고 아치의 높이는 6.70미터, 넓이는 하부의 1, 2층과 동일하다.

코린트 양식은 3개의 그리스 오더 중 가장 마지막으로 발전한 것으로 도리안 양식이나 이오니안 양식처럼 구조적인 특성에서 오는 것이 아니라 주두 장식의 특성에서 오는 양식이다. 비트루비오는 이를 처음 사용한 사람은 아테네의 조각가 칼리마코(Callimaco)이며 청동으로 설계하여 사용하였다고 전한다. 주두의 특징을 제외하면 이오니안 양식을 변형시킨 것이다. 코린트 양식의 대중적인 사용은 기원전 323년 알렉산더 대제의 사후를 정점으로 발전하였다. 또한 이 양식의 특징은 젊고 날씬한 여인의 모방에서 오는 것이며 창출되는 효과는 우아함과 아름다움이라고 한

(사진55) 큰 창문과 작은 창문의 위치

다. 2층과 3층의 아치 안에는 검투사 모습의 석상들로 장식되었었다.

4층은 꽉 찬 벽으로 하부 층의 반원 원주를 대신하여 코린트 양식의 각주가 설치되었다. 기초와 상부를 포함하여 14.15미터이다. 각주 사이에는 중앙에 규모 2.97미터×2미터의 사각형태의 큰 창문 40개가 막힌 벽과 번갈아가며 설치되어있다. 막힌 벽의 하단에는 40개의 1.30미터×0.90미터 규모의 작은 창문이 설치되었다. 작은 창문들은 최상부의 관람석(Maenianum Summum in Legnis) 통로의 채광을 주기 위한 목적이다. 이 부분의 코린트 양식 주두는 정교하게 다듬어지지 않은 모습인데 이는 기둥을 올려다보는 시점 자체가 멀기 때문에 세세한 부분의 묘사를 생략한 것으로 보인다.

막힌 벽에는 중앙 창문을 대신하여 청동 방패(Clipei)로 장식하였다. 꼭대기 층 상단부분 전체에는 분할된 각각의 구역마다 돌 선반이 3개씩 설치되어있는데, 이것들은 관객을 보호하기 위한 용도의 벨라리오(Velario)을 열고 닫을 때 필요한 목재 기둥을 지탱하기 위한 목적으로 설치된 것으로, 그 숫자가 총 240개에 이른다.

그리스에서는 도리안 양식과 이오니안 양식이 단순하면서 간결한 우아함으로 자주 사용되었으나 로마에서는 점점 인기를 잃었다. 이미 언급한 것처럼 로마에서 사용된 오더는 그리스에서 직접 도입된 것이 아니라 에트루리아인들에 의해 변형된 것이 도입된 것이다. 예를 들면 도리안 오더의 기초부분에 꽃띠를 첨부하고 주두부분에도 꽃 장식을 사용하는 새로운 형태의 오더였다. 로마인들은 점차적으로 이오니안 양식이나 도리안 양식보다 코린트 양식을 선호하였는데, 풍요롭고 화려한 제국의 분위기와, 웅장함과 화려함을 추구하는 그들의 취향과 가장 잘 부합했던 것이 코린트 양식이었다는 것을 보여준다. 로마에 현존하는 대부분의 건축물에 사용된 코린트 양식은 순수한 그리스 양식이라고 보기 어렵고, 더 풍성한 아칸서스 잎사귀와 올리브 잎을 같이 사용한 로마의 변형된 형태라고 할 수 있다. 로마인들은 점차적으로 코린트 양식에 이오니안 양식 주두의 특징을 더한 복합오더(Stile Composito)를 탄생시켜 사용하기 시작했다. 이 양식은 기원전 25년 이후 고안된 것으로 비트루비오의 언급에는 없다.

(사진56) 벨라리오의 목재 기둥을 위한 돌 선반과 구멍

(사진57) 장식 기능으로만 쓰인 오더

콜로쎄오에는 그리스 건축의

(사진58) 벨라리오를 위한 목재기둥과 선반, 루칸젤리 모형 세분

특징인 오더와 로마 건축의 특성인 아치가 함께 사용되었다. 그리스 건축에서 오더가 건축물의 지탱을 위해 꼭 필요했던 기능을 가졌던 반면 로마인들은 이를 미적인 용도로 사용하였다. 로마의 아치는 튼튼한 각주나 벽체로 연결되었으므로, 아치들을 지탱하고 있는 것은 오더가 아니라 벽체였다. 때문에 건축 표면의 반원 원주 오더는 건축물의 지탱과 유지를 위해 필요했던 구조적 기능에서 벗어나 장식적인 기능만을 수행하는 요소로 변화되었다. 이것은 그리스인들의 오더 사용과 근본적인 차이를 보여주는 것이다. 로마인들이 그들의 극장과 원형 경기장의 각각의 층에 다른 오더 양식을 도입하여 장식의 목적으로 사용한 것은 이후 르네상스 예술가들에게 큰 영향을 끼친 부분으로, 이 시대에 세 가지 오더를 병용한 건축물을 다수 찾아볼 수 있다.

아치는 로마 건축의 대표적 특성으로 에트루리아에서 도입하여 여러 건축물에 다양하게 사용되었다. 로마 초기 신전 건축을 포함하여 여러 시기의 건축물에서 볼 수 있다.

기원전 420년경 그리스의 철학자이며 수학자였던 데모크리토(Domocrito)가 그리스에 아치를 도입한 바 있으나 건축자재

(사진59) 카베아의 하부 공간을 이용한 동심원형 복도

의 한계로 건축의 구조적 안정감을 위협할 정도의 대규모 건축물을 지을 수 없었다. 때문에 그리스 건축에는 거의 사용되지 않았다. 반면 로마는 독자적인 건축자재를 도입하여 이런 문제를 해결하였고, 급속도로 아치의 사용을 다양하게 발전시켜 사용하였다. 평면천정으로 덮기 어려웠던 부분은 볼트를 이용하면서 해결되었다. 아치와 볼트의 복합적인 사용은 그 이전에는 상상하기도 어려웠던 방대한 건축물, 특히 벽돌을 사용한 건축물의 양 벽을 튼튼하면서도 간단하게 이을 수 있는 방법으로 사용되었다. 아치, 볼트 구조는 중간에 이를 지탱하기 위한 지지대도 별도로 필요로 하지 않았다. 넓은 공간을 형성하는 방대한 규모의 건축물을 실현할 수 있었다. 이렇게 로마인들은 그리스 영향에서 시작하여, 그리스에서는 찾아볼 수 없는 새로운 형태의 독자적인 건축물을 실현하였다. 건축물의 공간 형성과 활용은 로마 건축의 중요한 특징이 되었다.

2) 건축 기술과 자재

콜로쎄오에 사용된 자재 중 외벽에서 볼 수 있는 트라버틴은 로마와 티볼리 사이에 위치한 지역에서 가져온 것이다. 현재까지도 왕성한 채석이 이루어지는 곳이다. 트라버틴의 명칭은 산지이름에서 온 라피스 티부르티누스(Lapis Tiburtinus)에서 유래한다. 이 대리석은 튼튼하고 내구성이 강한 것이 특징으로, 콜로쎄오의 48미터의 외벽을 장식하는데 4만5천㎥의 대리석이 사용되었고, 전체적으로는 약 10만㎥가 사용되었다.

로마와 고대 도시 티부르(Tibur)를 연결하는 도로 티부르티나 가도(Via Tiburtina)는 이 대리석을 운반하기 위해 재정비된 것으로, 원래 겨울에 추운 산간 지방에서 따뜻한 해안 지대로 동물을 운반하기 위해 사용하던 고대 도로를 대리석 운반에 용이하도록 6미터 이상으로 확장하였다.

경제적인 이유도 있지만 건축 시간을 절약하기 위해 돌의 사이즈는 규격화시키지 않았음으로 건축물의 세로 이음줄이 규칙적이지 않은 것을 볼 수 있다. 특히 4층 벽에서 쉽게 볼 수 있는 것처럼 가로줄은 무게 및 길이를 정교하게 맞추어 실현하였고 쇠심으로 돌들을 연결하였다. 돌들의 연결과 고정에 사용된 금속도 300톤이 넘는다. 콜로쎄오에 사용된 금속은 빈번히 있었던 크고 작은 전쟁에 사용되었던 화살촉이나 칼 등을 제작하기 위해 채취되었다. 이때 대리석을 파고 금속을 빼어갔기 때문에 지금도 건축물의 표면에서 많이 볼 수 있는 구멍이 생긴 것이다. 고고학자 카를로 페아에 의하면, 이 구멍들은 아주 오래된 기원으로 프란지파네 가문이 요새를 만들기 이전에 이미 형성된 것이라고 하고 고고

(사진60) 건축물 표면에 남은 구멍들

학자 닙비(Nibby)는 프란지파네 가문 시기의 것으로 본다.

콜로쎄오 건축에는 신속한 건축을 위해 매우 혁신적인 방법이 사용되었다. 건축물을 4등분하여 4개의 각각 다른 업자에게 공사를 맡긴 것이다. 건축 자재의 균일성과 건축물의 완벽한 대칭은 이렇게 분리하여 공사하는 것도 가능하게 해주었고, 덕분에 놀라운 속도로 완성될 수 있었다. 4부분의 이음 부분에서 보이는 약간의 차이는 이러한 사실을 뒷받침해 준다.

네로의 인공 호수는 콜로쎄오보다 컸을 것이다. 발굴이나 탐사가 이루어지지 않았기 때문에 정확한 언급은 어렵지만 깊이는 지평보다 18미터에서 24미터 정도 아래에 두어졌다. 기초는 두 단으로 먼저 폿쫄라나와 돌조각을 사용한 넓은 콘크리트로 만들고 여기에는 배수를 위한 작은 하수로가 설치되었다. 그 위로 화산석과 트라버틴으로 만든 기초가 얹어졌다. 두 단의 기초는 약 13미터 정도의 두께로 만들어졌다. 구조의 주축을 이루는 것은 트라버틴 블록으로 만든 각주이고 이들도 금속 심들로 접합되었다. 각주들은 축을 이루는 하부에 화산석을 이용하고 상부에 벽돌을 이용해 만든 벽과 연결되어있다. 벽 구조는 안정감과 실용성을 최대한 활용할 수 있는 볼트와 아치를 이용하여 연결되었다.

전체적으로 트라버틴을 이용해 만들어진 콜로쎄오의 외부 사이즈는 188×156미터이고 전체적으로 3,357㎡의 면적을 차지한다. 내부의 사이즈는 87.30×54.30미터이다. 중심 쪽을 향하는 여러 개의 동심원 형태의 벽들이 카베아를 지탱하는 형식으로 만들어졌다. 천정은 콘크리트 볼트(Volta)로 씌워졌다.

(사진61) 콜로쎄오의 내부 전경

콜로쎄오는 외관상 트라버틴이 주로 사용된 것처럼 보이지만 실제로 콜로쎄오의 건설에는 로마 건축 역사상 가장 많은 콘크리트가 사용되었다. 또한 벽돌도 많이 사용된 주자재로 포디오, 2층의 벽, 지하부분의 방사선 벽, 복도의 천정, 측면 공간의 벽, 황제 전용 출입구도 비페달리스(Bipedalis)로 실현하였고 치장벽토로 장식하였다. 또한 콜로쎄오에는 화산석을 많이 이용하였는데,

특히 하단 부분에는 일종의 접착제 역할을 하던 모르타르를 사용하지 않고 쌓는 오푸스 콰드라툼(Opus Quadratum) 기술이 적용되었다. 이 기술은 로마인들의 초기 건축물과 성벽에 사용하였고, 오랜 시간에 거쳐 발전되었다.

콜로쎄오를 건축하는데 동원된 노동 인력이 누구인가에 대한 많은 가정이 있다. 짧은 시간에 건축물을 실현하기 위해서 당시 사람들도 헤아리는 것을 포기할 정도의 많은 인력이 필요했다. 확실한 것은 근력만을 제공하는 단순 노동력만이 아니라 다양한 분야에 전문성을 가진 노동력을 필요로 했다는 것이다. 즉 플라비오 쥬셉페(Flavio Giuseppe)에 의한 티토가 유대를 정복하고 15만 유대인을 강제로 데려와 콜로쎄오 건축에 동원했다는 이론은 신빙성이 떨어진다.

3) 출입구

콜로쎄오 외벽의 80개이 아치는 모두 출입구 기능을 하였고 이중 장축과 단축 양 끝에 설치된 네 개는 특수 기능의 출입구였다. 포르타 트리움팔리스(Porta Triumpalis)는 모든 원형 경기장이 정형화된 것으로 콜로쎄오의 주요 입구이며 장축의 끝 부분에 설치된 것으로 검투사들 전용 입구였다. 원형극장 외부에서 시작한 검투사들이 퍼레이드는 이 입구를 통해 아레나에 들어오면서 마무리되었다. 맞은편에는 포르타 리비티넨시스(Porta Libitinensis)가 있다. 문의 이름은 장례와 죽음의 여신인 리비티나(Libitina)에서 유래한 것으로 죽은 검투사들과 동물들을 내보내는 용도로 사용되었다. 죽은 동물들은 먹을 수 있는 고기, 가죽, 뼈

(사진62) 포르타 리비티넨시스

등으로 분리 후 판매되었다. 또한 이 문은 사이즈가 거대하여 지하에서 올려 보낼 수 없는 코끼리, 하마, 코뿔소 등의 동물을 입장시키는 용도로도 사용하였다.

장축의 출입구는 아레나로 직접 통하게 건축되었다. 포르타 리비티넨시스를 통해 루두스 만뉴스로 연결되고 포르타 트리움팔리스를 통해 무대장치나 공연에 관련된 것들을 보관하던 숨마 코라지움 쪽으로 연결되었다.

단축의 출입구는 에스퀼리노(Esquilino) 언덕 쪽으로 향한 포디오에 위치한 황제 전용석인 풀비나르(Pulvinar)로 연결되었고 풀비나르 건너편 아치는 시법무관(Praefectus Urbi)을 위한 좌석으로 연결되었다. 즉 주요 4개의 출입구에는 콜로쎄오 주변의 건축물을 연결하는 통로로 이어졌었는데, 단축과 연결되는 두 개의 통로는 아직 발굴이 이루어지지 않았다.

4) 관람객과 관람석

시민 대부분이 백수였던 로마사회의 공연과 경기는 소일거리의 의미를 가지고 있고 더 나아가 경기장은 백성과 지배층이 만나는 장소이기도 했다. 즉 극장이나 원형 경기장은 로마를 구성하는 사회의 각 계층들이 만날 수 있는 공간이었다.

(사진63) 재구성된 관람석

발레리오 막시모(Valerio Massimo)에 의하면 적어도 기원전 560년경부터 원로계층과 일반 백성들이 함께 서서 경기를 구경했다고 한다. 이런 불편한 상황에 대한 해결책으로 기원전 194년 쉬피오네 라프리카노(Scipione L'Africano)는 원로들이 특별석을 가질 것을 제안했다. 그 후 기원전 87년에 제정된 렉스 로쉬아 테아트랄리스(Rex Roscia Theatralis)라는 법은 극장의 14열까지 상류계급의 지정석으로 만들었다. 모든 공연용 건축물에는 엄격한 규칙에 의해 각 사회 계층의 자리가 분리되었다. 당연히 백성들의 반응은 매우 부정적인 것이었다. 또한 법 적용 범위에 혼동을 가져와 이 법이 극장에서만 적용되고 경기장에서는 적용되지 않는 것으로 생각하는 사람들도 많았다.

기원전 20년에서 17년 사이 아우구스토는 렉스 율리아 테아트랄리스(Lex Iulia Theatralis)를 제정하여 그 전법이 가져오던 혼동을 되풀이하지 않게 정확하게 명시해주었다. 즉 극장, 원형경기장, 전차 경기장 등의 공공장소에서 신분계층에 따라 지정된 장소가 있었다. 군인과 백성을 분리하였고 결혼한 평민은 계단석에 앉지만 여자들은 검투사 경기 중 남편 옆에 앉지 못하고 상부층에서 혼자 구경하도록 하였다. 실라(Silla) 시대까지만 해도 경기장이나 극장에는 남녀가 같이 앉아 구경하는 것이 허용되었지만 이 법 이후로는 분리되었다. 콜로쎄오는 이런 법을 고려하여 여자들만의 자리를 상부 층에 따로 만들었다. 로마시대의 경기장은 군중의 유동을 용이하게 하는 시스템은 물론 신분 계급간의 분류를 고려한 시스템을 적용한 공통적인 특징이 있었고 콜로쎄오도 예외는 아니었다.

신분에 따른 지정석은 계급에 따른 특혜를 의미하는 것이었다. 당연히 원로들은 가장 좋은 자리를 차지하고 그 다음에는 기사계급, 군인, 결혼한 남자, 아이와 그들의 교사, 시민권이 없는 백성과 평민, 그 다음 여자 순으로 자리가 배정되었다. 사회적 평판이 좋지 않은 사람들은 상부 층에 평민과 같이 앉았어야 했다. 이 규칙은 제국시대 전체에 거쳐 변하지 않은 규칙이었다. 경기는 시민에게만 무료로 열려있는 것이고 노예들은 제외되었다.

이 경기장의 수용인원은 자료마다 고무 줄처럼 늘고 줄지만 대략 약 8만7천 명 정도였다고 추산되는데, 이는 <카탈로기 레지오나리>(Cataloghi Regionari)에 남아있는 자료에 근거한 수용인원이다. 독일의 고고학사가 크리스티안 휼센(Christian Hülsen)에 의하면 로마시대에 관람객 한명이 차지했던 공간은 엉덩이 사이즈로 로마시대의 척도로 1피에데(Piede) 반 정도이다. 즉 약 40에서 45센티미터 정도였다고 볼 수 있다. 이를 기준으로 계산한다면 앉을 수 있는 좌석만도 5만 8천 명 정도를 수용할 수 있었다. 당시 다른 경기장들의 수용인원이 보통 2만에서 3만 정도였으니 콜로쎄오의 규모는 다른 경기장에 비해 두 배가 넘는 관람객을 수용할 수 있는 경기장이었다.

최근에 콜로쎄오의 상수도 시스템이 발굴되었고 레오나르도 롬바르디(Leonardo Lombardi)와 안젤로 콧짜(Angelo Cozza)가 아직도 연구 중이지만 많은 식수공급용 시설이 발견되었다. 이 수도들은 지층에 20개, 2층의 계단 옆에 16개, 메니아눔 쎄쿤둠

(사진64, 65) 관람석을 향한 계단의 난간 장식의 일부, 3세기

(maenianum secundum)의 숨뭄(summum)과 이뭄(imum) 사이 복도에 40개, 꼭대기 층에 66개가 설치되었다. 이것으로 보아 콜롯쎄오에는 물을 45미터 혹은 48미터까지 끌어올리는 시스템이 있었다는 것을 알 수 있는데, 아마도 60미터 위치의 높이에 위치한 악쿠아 클라우디오(Acqua Claudio)의 지류를 끌어들여 사용한 것 같다.

원형 경기장으로 들어가기 위해서 정확한 출입구 및 구역과 좌석을 명시하는 표인 텟세라(Tessera)를 소지하여야 했는데 표에는 어느 구역(CVN), 어느 열(GRAD), 어느 좌석(LOC) 등으로 자리가 표기되어있었고 각각의 좌석에도 번호가 표기되어 있었다. 이런 방법은 원형 경기장의 집합과 해산이 약 15분 정도의 짧은 시간 안에 이루어질 수 있게 해주었다. 관람객은 대리석 위에 설치된 목재의자에 앉았으나 원로를 비롯한 엘리트 계층은 좀 더 안락함을 위해 초기에 원로들은 쿠션을 이용하였으나, 후에는 쿠룰리(Curuli)라고 부르는 좌석을 허용해 주었고, 기사 계급에게는 방석을 이용할 수 있는 권리를 주었다. 콜로쎄오는 건축할 때부터 신분 간의 구분을 염두에 두고 설계되었기 때문에 입구에서부터 카베아의 좌석까지 들어가는 출입구가 분리되는 놀라운 기능성을 갖게 되었다.

좌석은 다섯 구역으로 구분되었다. 관람석의 내부의 모습

(사진66) 풀비나르에 사용되었던 것으로 보이는 원주

은 대부분이 완전히 붕괴되었기 때문에 정확하게 언급하기는 어렵지만 여러 자료를 종합하여 재구성해 볼 수 있다.

단축의 중앙에는 풀비나르(Pulvinar)라고 불리는 황실 전용석이 있었는데, 요즘 극장으로 치자면 로열 석에 해당하는 것으로, 황제가 직접 경기를 주도할 때 이곳에서 관람하였다. 황제석 맞은편 관람석에는 황제가 파견한 시법무관들의 전용 좌석이 있었고, 황제가 부재중일 때에는 이들이 경기를 관장하였다.

포디오(Podio, 라틴어 Podium)은 아레나의 바로 위에 위치하며 넓고 낮은 4줄의 대리석 계단이 설치되어 있었다. 이곳에는 등받이가 없는 접이용 목재 개인 의자(Curuli)를 놓기 위한 것으로 원로들과 기사계급, 외교 사절, 주요 성직자, 집정관, 행정관료들을 위한 구역이었다. 맹수가 관객석에 뛰어들어 공격하는 것을 막기 위해 아레나에서 포디오까지 3.60미터 높이의 담을 설치하였고 이중 안전장치로 금장한 금속 그물을 설치하고 그물의 상부는 코끼리 상아들로 장식했다. 이 그물은 이동식으로 검투사 경기를 할 때에는 철거되었다.

그 다음 구역은 메니아눔 프리뭄(maenianum primum)

(사진67, 68) 카베아로 진입하는 난간의 마무리 장식, 3세기

이라고 불렸고 복도(Iter)가 있는 프레친찌오(Precinctio, 원형으로 에워싸고 있는 테두리 같은 단)와 8개의 넓은 계단으로 구성되었고 도시의 신분이 높은 사람들을 위한 좌석이다.

그 다음 구역인 메니아눔 세쿤둠이 있고 이곳은 이뭄과 숨뭄 두 구역으로 구분되었다. 이곳도 프레친찌오와 계단으로 구성되었다. 즉 메니아눔 세쿤둠 이뭄(maenianum secundum imum)은 아래쪽에 위치하며 이곳의 채광을 위해 여러 개의 창문이 설치되었다. 이곳에는 중앙에 출입구로 사용되는 복도(Vomitorio)가 있는 넓은 계단도 있었다. 이 때문에 이곳의 프레친찌오는 조금 더 높게 만들어졌는데 이것은 여러 개의 계단을 설치해야했기 때문이다. 메니아눔 세쿤둠 숨뭄(maenianum secundum summum)은 상부쪽의 구역을 말한다. 이곳은 프레친찌오와 18개의 계단으로 구성되었다. 프레친찌오의 하단은 다음 좌석인 메니아눔 숨뭄 인 리네이스(maenianum summum in ligneis)의 기초부분을 겸하는 기능을 담당하고 있다. 이곳은 평민들의 자리로 씨족마다 구역이 지정되어있었다.

메니아눔 숨뭄 인 리네이스(maenianum summum in ligneis)는 포르티쿠스(porticus)라고도 불리며, 11개의 계단으로 이

(사진69) 포르티쿠스에 사용되었던 회랑의 원주

루어진 목재의자가 있는 회랑 부분을 말한다. 이곳은 여자들에게 지정된 자리였다.

80개의 치폴리노(Cipollino) 대리석과 화강암 원주로 이루어진 회랑의 원주의 주두는 코린트 양식이었다. 이 꼭대기 층의 내벽은 다른 건축물에서 사용했던 석재를 재사용하여 이루어졌다. 현재 벽돌로 마감된 부분이 붕괴된 지점에서 불규칙한 석재를 사용한 것을 볼 수 있다. 벽을 구성하는 대리석들의 일부는 오리지널이고 일부는 엘리오가발로 황제의 복원시 더해진 것이다.

콜로쎄오 발굴시 이름을 새긴 많은 대리석 조각이 발견되었다. 대부분의 이름들은 여러 가지 자료를 통해 볼 때 3세기에서 4세기에 이미 알려진 원로원 가문이름이나 그 가문의 친족 이름이 적혀있다. 사회 전체가 모여 있을 때 친족들끼리 모여 앉았다는 것은 그들의 사회적 비중을 과시하기 위한 것이기도 했다.

경기장 입장 시 드레스 코드가 있어, 특별한 경우에만 입던 토가를 입어야한다는 의견이 제안될 정도로 적절한 복장이 요구되었다. 람프리디우스(Lampridius)는 콤모도 황제가 경기 중에 술을 마시는 것을 비난했을 정도로 경기 중에 술을 마시는 것은 금지되었다.

5) 아레나(Arena)와 그 지하

아레나의 의미를 보자면 레나(Rena)는 이탈리아어로 모래라는 의미의 명사이다. 아레나라면 장소를 지칭하는 부사를 포함하여 "모래에"라는 의미로 이해할 수 있는데 고대의 원형 경기장은 나무판자를 깔고 그 위에 검투사나 동물들이 흘린 피를 빨리 스며들게 하기 위한 목적으로 모래를 깔았었다. 이렇듯 고대 로마의 경기장에 모래를 깔았던 것에서 유래된 아레나라는 명칭은 베로나(Verona)에 있는 원형 경기장의 독자적인 고유명사가 되었고 현대에는 모래와 상관없이 운동장을 칭하는 말로도 사용된다. 평창 동계 올림픽의 강릉 아이스 아레나도 같은 맥락으로 보면 되겠다.

(사진70) 아레나 지하공간을 나누는 벽돌을 이용한 벽

콜로쎄오의 아레나 규모는 75미터×44미터로, 지하 바닥은 오푸스 스피카툼(Opus Spicatum) 양식을 이용하여 포장되었다. 바닥에서 경기장의 1열 관람석인 포디오까지 깊이는 6.10미터이다. 아레나를 둘러싸는 벽은 오푸스 라테리치움(Opus Lateritium, 벽돌을 사용한 축조기술)으로 시공되었고 그 위는 대리석으로 마감하였다. 이 부분에는 사각형 작은 벽감들이 규칙적으로 배치되어있는데, 이미 언급한 바와 같이 궁지에 몰린 동물

(사진71) 아레나 지하 중앙의 직선 장축복도

들이 관람석으로 뛰어들 때 관객을 보호하기 위해 궁수들을 배치

(사진72) 엘리베이터 작동을 위한 도르레

하였는데, 이 벽감들은 그들이 맹수의 공격을 피할 수 있도록 하기 위해 설치된 것이었다.

지하의 중앙 복도는 장축을 따라 길게 나있는 것으로 길이 75미터 폭 4.30미터로 아레나의 사이즈보다 조금 작다. 지하 중앙 복도의 복잡한 경사 층 시스템은 이미 지하에서 제작된 무거운 무대 장치를 아레나로 올려 보내기 위한 것이었다. 중앙 복도의 좌우에 중앙 축을 따라 3열의 개폐구가 있고 엘리베이터가 설치되었다. 콜로쎄오에는 총 28개의 엘리베이터가 설치되어있었다. 이를 통해 아레나 지하에 두었던 동물을 상부로 옮기는 것이 가능했고 1세기 말에서 3세기 초반까지 사용되었다. 이것은 무대적인 효과를 주며 사자 등의 맹수가 아레나로 갑자기

(사진73) 엘리베이터 작동을 위한 각각 무게가 다른 평형 추

등장하는 것과 같은 연출이 가능했다. 아레나로 나있는 개폐구는 4각형으로 상부에는 4개의 트라버틴 대리석주가 세워졌고 여기에 동아줄이 지나갈 수 있는 4개의 도르래가 고정되어 있다. 이것은 동아줄을 묶어 엘리베이터를 작동시키기 위한 장치이다. 엘리베이터는 300킬로그램의 무게를 약 7미터의 상부까지 들어올리기 위한 기능이었고 이것을 작동시키기 위해 8명의 장정이 필요했다. 2015년 미국의 한 영화사에서 다큐멘터리를 찍기 위해 자비로 엘리베이터를 재건할 수 있도록 요청하였다. 이것의 승인의 조건은 정확한 역사적인 고증 하에 이루어져야 하는 것과 촬영 후 콜로쎄오에 남는다는 것이었다.

수많은 하수구가 설치되어있는 것은 두 가지의 가정으로 설명해 볼 수 있는데, 하나는 아레나의 물 흡수가 신속하게 이루어져 경기장의 공간들이 뽀송뽀송한 상태가 유지되어야하는 필요에 따른 것이라는 설이다. 이는 경기나 공연에 사용되는 대부분의 도구들은 목재라 쉽게 부식되는 소재로 이루어져 있었음으로, 습기의 차단이 중요했다는 사실에 기인한다. 다른 의견으로, 일부 학자들은 모의 해전을 할 때 짧은 시간 내에 물을 빼기 위한 시스템으로 하수구를 사용했다는 것이다.

6) 벨라리오(Velario, 라틴어Velarium)

아치가 없는 꼭대기 4층 전체에는 각 구역마다 돌 선반이 총 240개가 설치되어 있는데, 우천 시와 한낮의 뜨거운 태양으로부터 관객들을 보호하기 위한 용도의 벨리리오를 위한 목재 기둥을 고정하기 위한 것이다. 비가 올 때 벨라리오가 비를 막아줄 수 있었는가에 대해서 여러 가지 질문이 수반된다. 이것은 매 경기마다 항상 벨라리오를 열었던 것은 아니었던 것으로 보인다. 폼페이에서 발견된 유물들로 추정해 보건데 젖은 천은 마른 천에 비해 무게가 두 배로 가중된다고 하는데 계산상으로는 이를 견디어낼 수 있었다고 한다. 그러나 강한 비가 올 경우에는 경기를 중단했던 것으로 추정한다. 돌 선반은 아치 하나당 3개씩 설치되어있었다. 이것은 벨라리오를 펴고 접기 위한 동아줄이 출발하는 지점이고, 사용 방법은 선박의 닻을 올리는 것과 비슷한 방법이었을 것으로 생각된다. 벨라리움을 설치하는 것은 황실 함대인 미세노(Miseno) 곶의 해군들이 담당했는데, 그들은 콜로쎄오 근처의 카스트라 미세나찌움(Castra Misenatium)에서 기숙하였다. 천막을 치는데 해군을 상주시킬 정도로 전문성이 필요한가를 살펴보자.

(사진74) 벨라리오를 위한 돌 받침 선반

콜로쎄오의 원형 외벽을 따라 17.60미터의 거리에 160개의 트라버틴 각주를 세워놓았다. 각주의 사이즈는 높이 1.75미터,

(사진75) 벨라리오의 설치를 위한 각주

넓이 0.76미터이고 땅 속에 0.60미터의 깊이로 꽂혀있었다. 각주들 사이의 간격은 3.40미터이며 내부 쪽으로 약간 쏠리게 바닥에 심어놓았다. 상부 쪽으로는 2개씩 2단으로 4개의 구멍을 뚫어 놓았다. 이 트라버틴 각주들의 기능은 벨라리오의 끈을 묶어 고정시키는 용도로 보이나, 일부 학자들은 관객의 흐름을 통제시키기 위한 용도로 사용되었다고 보기도 한다.

벨라리오로 이용하던 넓고 긴 형태의 천막은 금과 은으로 수를 놓았다고 하며 색깔도 강렬한 것을 사용하였다. 플리뇨에 의하면 처음 사용된 벨라리오의 천막은 범선의 돛과 같은 재질을 썼으나 너무 무거워서 좀 더 가벼운 소재를 찾아 아마포로 바꾸었다고 한다. 24,000 평방미터의 방대한 면적을 덮어야 하는 천막의 무게만 7,200 킬로그램이었고 이를 고정하기 위한 동아줄은 240개(일부 학자는 320개)였다. 동아줄은 천막의 무게를 감당할 수 있어야 했기 때문에 적합한 두께가 연구되었고 사용된 동아줄의 무게가 약 80킬로그램이었다고 하니 240개의 동아줄을 기준으로 하자면 총무게는 약 19,200 킬로그램에 이른다. 소요되는 동아줄의 수가 320개라면 약 25,600 킬로그램인 셈이다. 여기에 이를 지탱하기 위한 금속 고리도 수백 개가 필요했다. 총무게를 합산하면 3만 킬로를 넘었으니 벨라리오를 설치하는 것은 그리 간단한 일이 아니었을 것이다. 따라서 전문성을 가진 선원들이 필요했음은 두말할 필요가 없을 것이다. 이를 위해 미세노의 해군들이 상주한 것도 충분히 이해할 수 있다.

벨라리움을 설치하는데 구체적으로 어떤 방법이 사용되었는지는 아직도 정확하게 규명되지 않았다. 1776년 콜로쎄오 근처에서 대리석 풍향계가 발견된 것을 보아 바람의 세기와 속도 및 방향까지 염두에 두어야 하는 세밀한 전문성이 요구되는 작업이었다는 것을 짐작해 볼 수 있다.

동아줄을 묶기 위한 이 각주들 밖으로 검은 현무암으로 포장된 광장이 펼쳐진다. 콜로쎄오 주변은 고대의 지평을 유지하고 있는 로마에 얼마 남지 않은 장소 중의 하나이다. 약 2600년간 건축물 바닥, 구조물, 도로 등의 설치로 인해 로마의 지면이 서서히 상승되었는데 고대의 지평은 일반적으로 8m에서 15m 정도 내려간 지점이었다. 로마의 탄생이후 연평균 7.5㎜ 정도 높아진 것으로 파악된다. 그러나 콜로쎄오 근처의 돌바닥은 로마인들이 밟았던 돌과 현재의 돌이 같다.

6. 콜로쎄오의 용도

로마는 백성에게 군복무와 세금을 요구하였고 이에 대한 대가로 그들에게 즐거움을 주기 위한 공간을 제공했다. 이러한 맥락에서 탄생한 것이 극장과 원형 경기장이었다. 다양한 로마인들의 공연 문화는 모든 시민들을 위한 것이며 초기에는 유료였지만 후에는 무료로 제공되었다. 통치자들은 한 달에 한 번씩 백성들에게 식량을 제공하는 것 외에 그들의 여가시간을 채워주고 당장의 시급한 문제점에서부터 관심사를 돌리기 위해 놀이, 경기, 운동 등을 제공하는 것은 중요한 과제라고 생각하였다. 이런 공연은 간단하게 얼마나 잔인한가, 얼마나 쇼킹한가, 혹은 얼마나 대규모인가 등으로 성공 여부가 판단되었다.

가장 많은 공연을 제공했던 황제는 아우구스토로, 그는 이를 통해 백성들 사이에서 그의 인기를 올릴 수 있다는 것을 알고 잘 활용한 인물이었다. 경기장이 건설되기 전이었으므로 공회장, 대전차 경기장, 셉프타 등의 공간을 활용하였다. 그는 캄포 마르찌오에 목재 관람석을 만들어 운동경기를 거행하였고 모의 해전(Naumachia)을 위해 테베레 강 근처의 땅을 파내어 경기장(Naumachia Augusti)을 만들었다. 스베토니오에 의하면, 대부분의 로마인들이 경기장에 운집해있는 시간에 도둑이나 강도들에게로부터 도시의 치안을 유지하기 위해 경비 시스템을 따로 구성하였다고 한다. 또한 황제는 경기 시 경기장의 분위기가 무질서하고 난장판이었기 때문에 엄격한 규칙을 요구하였다.

콜로쎄오에서 거행되었던 공연의 종류는 크게 3가지이고 정형화된 규칙에 따라 거행되었다. 즉 아침나절에 맹수 사냥 경기,

점심시간에 사형 집행, 오후에 검투사 경기로 시간을 분리하였다. 오후에 있던 검투사의 경기도 이급 검투사는 사형 집행 직후에, 일급 검투사는 오후로 나누어 시행되었다. 가장 인기 있는 마지막으로 아껴두었다.

1) 맹수 사냥 경기(Venationes)와 배나토레스(Venatores)

(사진76) 맹수 사냥 경기 부조, 바티칸 박물관

로마인들의 대부분의 공연문화와 경기가 종교적인 맥락에서 시작된 것과 마찬가지로 사냥 경기에도 일부 종교적인 흔적은 있다. 그러나 맹수사냥 경기는 다른 경기에 있던 종교적인 의미와는 조금 다르게 발전했다. 이런 종류의 경기는 포에니 전쟁 이후 이탈리아 반도에는 존재하지 않는 여러 종류의 동물을 아프리카에서 사냥하는 것을 보고 도입된 것으로 보인다.

맹수 사냥 경기는 처음에는 검투사 경기 이전에 거행하는 오프닝 행사 같은 경기로, 검투사 대한 경기에 관심을 고조시키기 위해 이루어졌던 것이었지만 공화정 말기에 들어서는 오전에 거행하는 독자적인 경기로 발전하였고 로마인들이 가장 선호했던 경기 중의 하나가 되었으며 수일 간 지속되기도 하였다. 경기를 시작하기 전에 출전할 동물들에 온갖 치장을 한 후 퍼레이드를 했다. 마치 검투사들이 경장으로 들어오기 전 개막식 퍼레이드 의식을 했던 것과 마찬가지라고 할 수 있다.

로마인들의 광적이고 사디즘적인 맹수 사냥 경기는 온 세상에 로마의 지배력을 표현하려는 의도가 내포되어 있다. 이는 인간에게 뿐만 아니라 동물에게까지 그들의 지배력을 행사한다는 것을 보여주려는 것이며 세상과 백성에게 로마의 위대성을 표현하는 것이 주목적이 있었다.

이런 경기는 맹수를 사냥하는 것에서 그치지 않고 맹수들과 인간의 싸움으로 이어졌다. 최고의 인기 경기는 사자와 검투사가 싸우는 것이었지만 경기에 투입된 모든 동물들이 맹수였던 것은 아니다. 사자는 동물의 왕이라는 상징성 때문에 맹수 사냥 경기에 가장 많이 사용되었다. 특히 사자는 두려움의 대상으로 경기에서만 주인공이 아니라 석관의 조각 장식으로도 그 이미지가 많이 사용되었는데, 죽음의 게걸스러움이 사자처럼 언제 어디서나 누구에게든 들이닥치는 것이라는 상징이다.

(사진77) 사자를 묘사한 석관

1차 포에니 전쟁시 집정관 체칠리오 메텔로(Cecilio Metello)는 팔레르모(Palermo) 전투에서 142마리 코끼리를 전리품으로 획득하였다. 로마인들이 처음으로 많은 수의 코끼리를 소유한 예로, 이에 따라 활용 지식과 관리 경험이 없어 여러 가지 문제가 야기되자, 메텔로는 코끼리들을 로마로 보냈다. 그러나 로마에서도 마찬가지로 코끼리 관리에 너무 많은 비용이 소요되어 골치 덩어리가 되자 원로원은 이를 제거하기로 결정하였고, 이에 따라 코끼리들은 대전차 경기장에서 화살과 창으로 무장한 사람들에게 도살되었다. 이것이 공연의 목적으로 인간과 맹수가 싸웠던 로마 최초의 맹수 사냥 경기였다. 그 후 맹수 사냥에 대한 열기가 높아져갔으므로 갈수록 대규모로 발전하는 양상을 보였다.

(사진78) 야생 당나귀가 사자에게 공격당하는 모습이 묘사된 항아리

기원전 186년 집정관 풀비오 노빌리오레는 전승을 자축하기 위해 아프리카에서 표범과 사자를 가져와 처음으로 기획된 맹수 사냥 경기를 개최하였다. 기원전 169년에는 조영관(Edile)인 쉬피오네 나르시카(Scipione Narsica)가 100마리 이상의 동물들을 로마로 가져왔다. 그러나 당시 로마에는 이런 동물을 수용할만한 공간이 없었다. 아마 이 때 일부 맹수들이 도망쳐 인명 피해를 내었던 것으로 여겨진다. 때문에 원로원은 위험한 동물을 들여오는 것을 금지한다는 법을 발표했지만 호민관들은 사냥 경기에 열광하던 대중의 인기를 잃을까봐 한 번도 이를 실행에 옮긴 적은

없었다.

기원전 146년 쉬피오네 에밀리아노(Scipione Emiliano)는 카르타고와의 자신의 전승을 축하하기 위해 맹수 사냥 경기를 기획하였다.

기원전 99년 대전차 경기장에서 클라우디오 일 풀코(Claudio il Pulco)가 코끼리들끼리 싸움을 붙인 경기를 거행하였고 몇 년 후 조영관(Edili)인 루치오 루쿨로(Lucio Lucullo)는 코끼리와 황소들의 경기를 거행하였고 큰 호응을 얻었다.

기원전 58년에는 마르코 에밀리오 스카우로(Marco Emilio Scauro)는 자신이 건설한 원형 경기장에서 자신이 총독으로 있던 시리아에서 잡아온 150마리 표범과 이집트에서 가져온 하마와 악어 등을 투입한 경기를 개최하였다.

원형 경기장을 건축하기 전에는 사냥 경기를 위한 동물들을 관리하는 데 많은 어려움이 있었다. 로마의 공회장, 셉프타, 대전차 경기장 등에서 주로 경기가 이루어졌는데, 이런 장소들은 동물들이 쉽게 도망갈 수 있었기 때문에, 담장이나 웅덩이를 만들어 격리했지만 이것은 일종의 임시방편에 불과한 것으로 항상 위험은 도사리고 있었다. 원형 경기장이 건설된 이 후에야 이런 위험은 줄어들었다.

동물들을 관리하는 방법도 변화하였다. 처음에 묶어놓았던 동물들을, 기원전 100년경 실라 시대에는 자유롭게 풀어놓았기 때문에 대중의 안전을 위해 우리를 만들었고 경기장에서 성난 동물들이 관람석으로 뛰어드는 것을 막기 위한 장치도 하였다.

바로네(Varrone)에 의하면, 초기에는 플로랄리아에 사용할 산토끼를 가두었던 레포라리아(Leporaria)라고 불리는 우리에 동물들을 가두었다가 후에는 비바리아(Vivaria, 라틴어 Vivarium)라는 전용 우리를 마련해 그 안에 놓았다고 한다. 이것의 관리는 황실 근위병들에게 맡겨졌다. 비바리아는 포르타 프레네스티나(Porta Prenestina) 근처와 첼리오 언덕에서 발견되었고, 고고학자 란치아니에 의해 카스트라 프레토리아(Castra Praetoria) 근처에서도 발굴되었고 그 외 로마의 근교 아르데아(Ardea), 라우렌툼(Laurentum) 등에서도 다수가 발견되었지만 그 외에도 더 많은 비바리아가 있었을 것이다.

사나운 맹수들을 아레나로 내보내는 것도 그리 간단한 일이 아니었고 일반 출입구로 내보낼 수 없었다. 그러므로 동물들은 원형 경기장 지하 우리에 가두어 두다가 이를 엘리베이터로 들어올리고, 포디오(Podio) 주위에 설치되어있는 방에 올려놓아 대기시키다가 아레나로 향한 구멍을 통해 내보냈다. 동물이 밖으로 나가는 것을 거부하면 횃불을 이용하여 강제로 내보냈다.

(사진79) 체사레의 암살을 묘사한 1549년 아랏찌, 바티칸 박물관 소장

기원전 46년 체사레는 맹수 사냥 경기에 북아프리카와 시리아 지역에서 가져온 사자 400 마리를 희생시키며 관객들을 열광의 도가니로 몰아넣었다. 이러한 경기로

정치적 인기를 올릴 수 있었으므로 체사레는 가이오 캇씨오 론지노(Gaio Cassio Longino)가 그리스에서 경기에 사용하려고 했던 사자들을 압수하였다. 이 일로 캇시오는 체사레에게 앙심을 품게 되었고, 그를 암살하려는 마르코 쥬니오 브루토(Marco Giunio Bruto)와 손을 잡게 했던 가장 중요한 역할을 한 일화이다.

(사진80) 늑대 젖을 먹고 자라 로마를 건국한 로몰로와 레모

폼페오는 기원전 61년에서 기원전 55년 사이 로마에 첫 번째 상주극장을 만들었던 인물로 단일 경기에서 희생시킨 동물 수로는 가장 큰 기록을 가지고 있었다. 사자 7백 마리를 포함한 다수의 희귀한 동물들을 희생시켰다. 기원전 55년 그가 코끼리를 이용한 경기를 거행하였을 때 죽음을 앞둔 코끼리의 처절하고 절망적인 울음소리는 관중들로 하여금 애처로운 마음을 갖게 하였고, 이는 기획자들에 대한 비난으로 옮겨가 경기가 중단된 바도 있다. 맹수 사냥 경기 중 다양한 종류의, 수천 마리의 동물들이 희생되었고 동물의 생존 가능성은 매우 희박했다. 그러므로 로마를 건국한 로몰로와 레모를 양육했다는 늑대는 유럽에 널리 분포되어 있던 동물이었지만 신성시 여겨 이러한 경기에는 사용되지 않았고 낮은 신분 출신의 사람들에게 주는 처벌의 일종이었던 아무런 보호 장치 없이 동물에게 던져 주는 "동물에게로"(Damnationes ad Bestias)에만 쓰였다.

(사진81) "동물에게로" 장면이 묘사된 3세기 초반의 항아리

아우구스토 시대에 맹수 사냥 경기는 국가가 독점하게 되었다. 그는 26 차례 이러한 경기를 개최했는데, 황실 가족들의 이름을 알리고 사랑받게 하려는 목적에서 자식, 손자, 조카 등의 이름으로 거행하였다.

아우구스토의 비바리아에는 호랑이, 사자, 표범을 포함한 다양한 종류의 동물 약 3,500마리가 있었고, 이를 유지하는데 소요되는 엄청난 비용 때문에 황제가 일부 동물을 일반인들에게 선물하는 일도 있었다. 그의 집정 기간 동안에 수천 마리의 동물이 희생되었고, 이런 살육은 로마인들에게는 점점 더 일상화 되어졌다. 티토 황제는 9천 마리의 동물을 가두었었고, 트라이아노 황제는 여러 종류의 동물 만천마리를 가두어놓았었다고 하며, 그 외에도 많은 정치가들이 많은 동물을 소유하고 있었다고 한다. 당시 이러한 동물들의 소유는 하나의 자랑이자 권력과 부의 표시였다.

베나찌오네의 기본적인 특징은 동물이 등장하는 것이지만 꼭 동물을 학살하거나 사냥하는 것만은 아니었고, 신기한 동물이나 처음 보는 동물들을 소개하는 의미도 있다. 체사레는 로마에 기린을 처음 선보였고, 아우구스토도 셉프타에서 코뿔소를 소개한

(사진82, 83) 오푸스 섹틸레(Opus Sectile)로 묘사된 동물들의 싸움

바 있다. 연극 무대에 호랑이를 올리고 민회 광장(Piazza dei Comizi)에서 약 50쿠비티(cubiti, 약22미터)의 뱀 등 속주에서 보내온 진귀한 동물들을 로마인들에게 선보이기도 했다. 그러나 일반적으로 베나찌오네는 동물들 간의 싸움, 동물과 인간의 싸움을 말한다.

경기의 상대는 검투사 경기와 마찬가지로 기본적인 틀이 형성되며 발전하였다. 사자와 호랑이, 사자와 황소, 사자와 곰 등을 싸우게 하였고 간혹 개나 사자를 풀어 사슴을 사냥하게 하기도 했다. 기록에 남아있는 희귀한 경기는 곰과 뱀의 싸움, 사자와 악어의 싸움, 물개와 곰의 싸움 등 다양했고 반복되는 경기의 단조로움을 피하기 위해 하마, 하이에나, 악어, 뱀 등 상상을 초월하는 다양한 동물들이 투입되기도 했다. 동물들을 묶어 행동반경을 줄이는 경우도 있었다. 황소와의 싸움은 스페인의 투우 경기와 비슷했는데 동물을 자극하기 위해 타우라리(Taurarii)들은 창을 이용해 공격하였고, 무장하지 않고 말을 탄 사람들은 황소의 주위를 교란시키며 이리저리 뛰어다니게 만들어 기력을 소진시킨 후 공격해 황소의 목을 비틀고 쓰러트렸다. 베나토레스(Venatores)가 광대나 곡예사 기능을 하여 웃음을 자아내도록 하는 희극적인 경기도 있었다. 또한 요즘의 서커스에서 볼 수 있는 광경들로 여러 종류의 훈련된 동물들을 동원하여 재미있는 상황을 연출하여 보여주는 공연도 있었다.

이 동물들은 용도나 목적상 제대로 돌봐주는 사람이 없었고 포획된 후에는 장거리를 이동해야 했으며, 이후에는 좁고 더러운 우리에 갇혀 지속적으로 학대를 받았기 때문에 경기장에 투입되기 전에 이미 병들고 부상당한 동물들이 대부분이었다. 배고프고 다치고 지친 동물들은 중무장한 사람들에게는 쉬운 상대였지만 항상 그런 것은 아니었다. 간혹 화난 동물에게 사냥꾼이나 검투사들이 목숨을 잃는 경우도 자주 있었다.

동물들은 죽지 않을 정도로만 먹이고 인간고기를 먹여가며 길을 들였다. 아레나로 내보낸 맹수들은 수만 관람객의 고함소리에 놀라 자주 구석에 숨어 공격에 나서지 않았음으로 동물을 아레나로 내보내자마자 공격할 수 있도록 난폭성을 최대한 살리고 공격하게 하도록 경기에 투입되기 전 채찍질과 몽둥이찜질 등의 학대가 이루어졌다. 동물들이 공격하지 않는 것도 주인에게 책임을 물었기 때문에 그들은 소유 동물들을 극도로 자극하고 학대하였고 사형수들도 자신들의 죽음을 신속히 맞이하고 고통의 시간을 줄이기 위해 동물들을 최대한 자극하여 빨리 공격하도록 했다.

맹수 사냥 경기에 필요한 수천마리의 동물을 공급하기 위해 이루어진 포획의 결과 북아프리카 지역에서 사자나 코끼리 등이 사라질 정도였다고 하니 경기에 대한 대중적인 인기도를 짐작할 수 있다. 속주 도시들은 갈수록 귀해지는 맹수를 주기적으로 로마에 상납해야 했다.

동물을 생포하는 것이나, 이들을 좋은 상태로 수천 킬로미터를 운반하는 것도 그리 간단한 일이 아니었다. 동물을 생포,

운반, 유지 등의 모든 과정은 기업에 가까운 시스템이 필요하였으므로 공화정 시대의 경기 기획자들은 아시아와 아프리카의 총독들과 긴밀히 협력을 하였다. 동물을 생포하기 위해 현지인들을 고용하였고 관료들은 동물을 로마로 운반하는 것에만 관여하였다. 제국 시대에는 막대한 비용을 감당하기 위해 동물 생포를 위한 시스템을 갖추게 되었다. 황제가 제공하는 경기에 투입할 동물을 확보하기 위해 로마에서 멀리 떨어진 속주에 주둔하는 군대에 정규 군인이 아닌 맹수 포획만 담당하는 특별 인력을 구성하였다. 동물의 운송로 상의 도시들은 이들에게 휴식처와 먹이를 보장해주어야 하는 의무를 지웠다. 그러나 동물을 운반하는 사람들이 잠시 머무는 정도가 아니라 같은 도시에서 장기체류 하였기 때문에 대규모 동물들의 먹이를 보장해주는 것이 큰 부담이 되자 일부 도시들은 이에 반발하기도 했다.

(사진84) 치체로네

맹수 사냥 경기에 반대하는 목소리도 슬슬 나오기 시작했다. 자연을 관찰하는 것을 좋아했고 다양한 지역 식물 섭생에 관한 저서를 집필하기도한 마우레타냐(Mauretania)의 왕 주바 2세(Juba Ⅱ)는 자신의 영토에서 로마인들이 사냥하는 것을 금지했다. 피타고라의 추종자들은 철학적인 교훈에 따라 사냥에 반대하였고 채식주의자 세네카(Seneca)도 맹수 사냥 경기를 경멸하였다고 한다. 바로네(Varrone)는 아무런 해를 끼치지 않은 동물을 죽이려고 쫓아다니는 것을 비난했다. 체체로네(Cicerone)

는 "문화적 소양이 있는 사람이 훌륭한 창조물이 창에 찔려 죽어가는 모습을 보며 어떤 즐거움을 찾을 수 있나?"라며 사냥 경기와 동물을 포획하는 것을 반대하였다.

베나토레스라는 용어는 맹수 사냥 경기에 투입되는 사람을 말하며 노예, 범죄자 혹은 계약을 통해 된 사람들 등 다양했는데 대개 검투사보다 더 낮은 신분이었다. 맹수 사냥 경기자들은 검투사보다 덜 위험하긴 하지만 역시 지속적인 위험을 감수해야 했다. 이들도 검투사처럼 루두스 마티투누스(Ludus Matitunus)에서 특수 훈련을 받았다. 루두스의 이름은 아침에 이루어지던 경기를 위한 훈련을 하던 것에서 붙여진 것이다.

베나토레스는 공연에 어떤 기능이 있는가에 따라 분류되었고, 전문가들은 베나찌오네를 두 가지로 분류한다. 첫째는 무장한 인간이 맹수들과 싸우는 것이고, 둘째는 무장하지 않은 사형수들을 동물에게 던져주어 형 집행을 공연화 하는 것이었다.

베나토레스의 한 종류인 베스티아리이(Bestiarii)는 베나찌오네에 투입되어 동물들과 싸우지만 일반적으로 중범죄를 저질렀지만 사형을 받지는 않은 사람들이다. 또한 검투사 훈련을 감당하지 못해 낙오되는 사람들인 경우도 있었다. 또한 요즘의 투우사와 같은 종류는 타우라리이(Taurarii)라고 불렀다.

베나토레스들은 동양풍의 투니카를 입고 팔과 다리를 가죽 끈으로 감아 보호했었고 간혹 금속으로 된 판으로 가슴 부분을 보호하거나 칼로만 무장할 경우에는 갑옷을 입었다. 일반적으로 그들의 무기는 창, 큰 몽둥이, 그물 등이었지만 맨몸에 맨손으로 경기하는 경우와 말을 타서 공격하는 경우도 있었다. 무장의 정도로 보면 비무장에서 완전 무장 사이에 여러 단계가 있었는데 코클레아(Cochlea)라는 회전문 같은 방어용 무기로 동물이 공격할 때에 뒤에 숨을 수도 있었다.

경기가 끝났을 때 관객들은 아레나로 내려와 죽은 동물의 꼬리, 이빨, 발톱 등을 기념품으로 가져갈 수 있었다. 그러나 이를 차지하기 위해 자주 다툼이 일어났고, 이를 막기 위해 관람객이 소지한 텟쎄라로 경기 전에 미리 기념품을 취할 수 있는 이들을 정해놓는 방법으로 변화하였다. 콜로쎄오나 카스트렌쎄 원형경기장에서 여러 사이즈의 동물들의 뼈가 발견되었는데 가축의 뼈들은 근무자들이나 관람객의 식용으로 사용한 찌꺼기이고 또한 맹수들의 뼈들은 경기에 동원된 동물들이 뼈로 보인다. 발굴당시 큰 사이즈의 뼈들이 발견되지 않은 것은 맹수 사냥 경기에 사용된 동물들의 벼는 빗, 주사위, 바늘, 머리핀, 팔찌, 반지 들을 만드는데 사용하였기 때문에 발견되지 않았다.

2) 나우마키아(Naumachia, 모의 해전)

나우마키아는 해전을 재현한 경기로 이런 종류의 경기는 로마에서만 이루어진 듯하다. 로마인들은 처음 나발리아 프롤리아(Navalia Prollia)라고 불렀지만 해전과 공연의 의미를 동시에 갖는 의미인 그리스어 나우마키아라는 용어를 사용하였다. 전용경기장이 없을 시대에는 넓은 공간에 물을 채워서 공연을 열었다. 여기에 투입되는 사람들은 일반적으로 사형수였지만 간혹 역사적 일화를 재현하기 위해 정규 해군이 동원되는 경우도 있었다. 패배하여 침몰하는 배에 타서 노를 저었던 사람들은 배와 함께 수장되었다. 처음에는 살라미나(Salamina)에서 페르시아인들을 물리치는 해전, 코르프(Corfu)인들이 코린트의 함대와 대적한 일화처럼 역사적으로 유명한 해전을 재현하는 공연으로 시작되었다.

최초의 모의 해전은 카이오 두일로(Caio Duilo)가 카르타고와의 전쟁에서 승리한 것을 기념하기 위한 것이었다. 지상군에 비해 해군이 약세였고 배를 만들어 본 경험도 전혀 없었던 로마인들에게 이 해전에서의 승리는 더욱 귀중하고 값진 것이었다. 승리한 해군에 대한 자긍심은 모의해전 재현 공연으로 이어졌다.

기원전 46년 체사레가 테베레 강 근처 캄포 마르찌오에 2단 노, 3단 노, 4단 노가 장착된 실제 배를 투입할 수 있을 정도의 대규모의 웅덩이를 파서 경기장을 만들었다. 자신의 네 차례 연이은 전쟁에서의 승리를 기념하고 자축하기 위한 것으로, 페니키아인들과 이집트인들 사이의 전쟁을 재현한 것이었다. 모의 해전이 로마인들에게 매우 반응이 좋았기 때문에 아우구스토도 로마 함대의 강세를 기념하고 안토니오와의 아찌오(Azio) 해전의 승리를 기념하는 의미로 셉프타에서 모의해전을 실시했다. 이곳은 투표용 공간으로 체사레가 시작한 것을 완성하면서 회랑을 전리품으로 가져온 예술작품으로 장식한 곳이었다. 300×120미터의 넓은 공간이 있으면서 이 지역은 그의 사위이며 함대의 총사령관이었던 아그립파가 판테온을 건축하였고 연이은 해전의 승리를 기념하기 위해 넵투노 바실리카(Basilica di Nettuno)도 세운 지역이다.

기원전 2년 아우구스토 공회장에 마르테 울토레 신전(Tempio di Marte Ultore) 건축을 축하하기 위해 그는 로마의 트라스테베레(Trastevere) 지역에 1800X1200피에디(533X355미터) 규모의 모의 해전장을 건설하여 체사레가 했던 경기 패턴을 그대로 재현하기 위해 30척의 선박을 투입하였다고 한다. 3단 노가 장착된 배의 사이즈가 35×4.90 미터 정도임을 감안하면 움직임이 자유롭지 못하고 매우 제한되었을 것이다. 각각의 배를 움직이기 위해 노를 젓는 사람이 170명 필요했고 각 선박에 50명 정도의 군인이 승선하고 있었으니 동원된 사람의 수를 계산할 수 있다. 이 모의 해전에 투입된 사람은 실제 해전에 투입되는 수보다 더 많았고 대부분이 사형수였다. 이들을 나우마키아리이(Naumachia-rii)라고 불렀다.

플리뇨에 의하면 이 경기장은 사각형이고 그 안에 다리로 연결되는 섬도 설치했었다고 한다. 또한 이곳에 배를 집어넣기 위해 해로를 만들어 테베레 강에서 직접 안으로 투입될 수 있었다. 이 모의해전장을 채우려면 200.000㎥ 양의 물이 필요했고, 물을 채우는데 약 15일이 걸렸다고 한다. 아우구스토는 여기에 물을 공급하기 위해 브라치아노(Bracciano) 호수 근처의 마르티냐노(Martignano) 호수에서 로마까지 물을 끌어들여 오는데 22,000 팟시(Passi)의 수도교로 이루어진 악쿠아 알시에티나(Acqua Al-sietina)를 건설하였다. 이 모의해전장은 네로와 티토 시대까지 그 기능을 유지하고 있었지만 알렉산드로 쎄베로 황제시대부터 방치되었다.

로마에 모의해전을 하기 위한 경기장은 아우구스토, 도미찌아노, 트라이아노에 의해 건설되었다. 베스파시아노와 티토가 콜로쎄오에서 모의해전을 열었었으나 도미찌아노에 의해 아레나의 하부 공간이 개조된 이후로는 더 이상 이를 거행할 수 없어 모의해전 경기장을 따로 만들었다는데 정확한 위치는 논란의 와중에 있다. 트라이아노 황제의 모의해전장은 바티칸 지역에 위치했었다.

모의해전 경기를 준비하는 과정은 매우 복잡하다. 배를

(사진85) 클라우디오 황제

띄우기 위해 적어도 수심 1.5미터가 넘게 물을 채워 경기장을 호수로 만들었었어야 했고 실제 해전과 같은 규모의 배도 만들어야 했으며 투입되는 인원도 많았음으로 엄청난 비용이 소요되었다.

클라우디오(Claudio) 황제는 52년 푸치노(Fucino) 호수에서 모의 해전을 거행하였다. 이 경기 중 근위병들이 경기에 참여하는 사형수들이 도망가는 것을 막기 위해 뗏목에 올라 호수를 에워쌌었고 관람객들은 호수 위 언덕에서 구경하였다고 한다.

스베토니오는 이 해전에 투입되던 사형수들이 경기에 임하기 전에 황제에게 다음과 같이 인사하였다고 언급하고 있다.

"황제 만세, 죽으러 가는 사람이 당신에게 경의를 표합니다."
(AVE CESARE, MORITURI TE SALUTANT)

이 경기는 정확한 규칙이 없이 거행되었고 살아남은 자는 사면해주었다고 한다. 이 인사말은 후에 검투사들의 경기 전에 아레나를 한 바퀴 돌면서 퍼레이드를 한 후 황제의 풀비나르 앞에서 황제에게 건네는 관용적인 인사말이 되었다.

3) 무네라(Munera, 검투사 경기)

로마의 공연문화 중 가장 종교적 의미를 많이 가지고 있었던 것은 검투사 경기이다. 최초로 거행된 경기는 절대왕정 시대 다섯 번째 왕인 타르퀴니오 프리스코(Tarquinio Prisco)가 기원전 366년부터 9월 4일부터 19일까지 거행되었던 연중행사 조베 카피돌리니(Giove Capitolini) 축일에 열었던 것이었다. 개막식에 신상을 앞세우고 거행하는 장엄한 퍼레이드는 종교적 행사로서의 특징을 잘 보여준다. 처음엔 하루 동안의 경기로 시작되었지만 체사레 시대에 와서는 축일 내내 즉 16일 동안 개최되는 경기로 발전하였다. 그 후 기원전 221년에 루디 플레베이(Ludi Plebei), 기원전 208년에 루디 아폴리나레스(Ludi Apollinares)도 연중행사 경기로 발전하였다.

경기가 시작되기 며칠 전부터 경기의 기획자(Editor)에 의해 도심의 주요 도로 상의 담벼락과 집정관 도로 상의 묘지 담벼락 등 잘 보이는 곳에 써서 알리는 프로그램이 발표되었고 여기에 그림도 첨부하였다. 요즘 시대의 공연 포스터처럼 공연의 내용, 출연자, 장소 및 시간을 알리는 방법이었고 경기를 제공하는 사람과 목적이 정확히 명시되었다. 또한 경기의 강도를 암시하기 위해 "살려주기 없기"(Sine missione)라고 적기도 했는데 이것은 아우구스토 황제가 금지시켰다. 개개인에게는 양피지에 적은 일종의 프로그램(Libellum Munerarius)도 나누어 주었다. 포스터와 프로그램에는 눈에 잘 띄게 할 목적으로 강렬한 색이 주로 사용되었다. 이렇게 공연이나 경기를 공지하는 것은 기원전 2세기부터 시작된 것으로 소 플리뇨에 의하면 가이오 테렌찌오 루카노(Gaio

(사진86) 죽어가는 검투사 기원전 3세기 원작의 모작

Terenzio Lucano)가 자신의 할아버지를 위한 경기에 포스터를 제작하도록 하였다고 한다.

로마인들은 검투사 경기를 무누스(Munus, 복수로 Munera, 제공)라고 불렀다. 어휘의 의미로 추정되나 아직도 어떤 의도로 사용한 것인지에 대한 정설은 없다. 경기는 종교적 주술적 목적에 연결되어 있었다. 호머의 작품 일리아드(Iliade)에 파트로클로(Patroclo)의 장례를 보면 영웅의 묘에서 포로를 죽이는 의례는 고대부터 사용한 풍습이었다. 같이 포로가 된 동료들은 타인의 무덤에서 동료들 간에 싸워야 했었다.

경기의 기원을 둘러싸고 여러 가지 다른 의견들이 제시되는데, 일부 학자들은 문학작품에 근거를 두어 에트루리아인들의 풍습에서 시작된 것으로, 귀족이 사망했을 때 죽은 자의 영혼의 평화를 위해 인간 제물을 바치는 데서 유래했다고 본다. 에트루리아인들은 죽은 사람을 화장하는 불인 부스툼(Bustum)에서 노예나 전쟁 포로들을 투입하여 싸우게 하였고 이들을 부스투아리이(Bustuarii)라고 불렀다. 로마 역사가 리비오(Livio)와 현대 많은 학자들은 검투사 경기다 캄파냐(Campania) 지역에서 유래한 것으로 본다. 죽은 사람과 신들에게 바쳐지는 비슷한 특징을 가지고 있고 이를 무네라 글라디아토리아(Munera Gladiatoria)라고 불렀다. 이 지역에서 발굴되는 묘지 장식에는 경마, 결투 장면을 다룬 그림이 많이 것에서 미루어 보아 이 지역을 기원이라고 주장하는 것에 힘을 실어준다. 또 다른 주장은 검투사들이 사용한 무기가 삼니움인들의 전통적인 무기라는 점에서 삼니움(Sannio)에서 유래한 것이라고 한다.

기원이 어찌되었던 간에 검투사 경기는 종교적인 목적으로 시작한 것이었지만, 대중의 사랑을 받는 경기로 급부상한 이후 경제적인 능력이 있는 로마인들이 선거의 득표와 연결되는 백성의 환심을 사기 위해 경기에 재정적 지원을 하기 시작했고 자신들의 권세를 표출시키는 수단으로 삼았다. 이와 더불어 새롭게 부상하기 시작했던 신분 계층들은 로마의 지배층을 모방하기 위해 경기를 후원하기 시작하자 경기의 횟수와 비용을 제한하여 황제가 제공하는 경기와 차별화 되도록 규제하였다.

검투사 경기는 공공의 관심사가 되었고 경기 개최의 가장 중요한 목적이 대중적인 인기를 얻기 위한 것이었기 때문에 검투사 경기의 개최를 사적으로 자유롭게 내버려둘 수 없었다. 그러므로 공화정 시대부터 이런 금전적인 면을 규제하는 수많은 법이 제정되었다. 라벤나(Ravenna)에 검투사 훈련소를 가지고 있었던 체사레는 제국 시대까지 효력을 가지게 되는 법을 제정하였다. 검투사를 양성하는 것은 기사계급(Cavalieri)과 원로원 계급(Senatori)에서만 할 수 있다는 내용이다. 이 시대 제정된 법들의 공통점은 신분상의 권리에 관한 것과 공연비용을 제한한 것이 대부분으로, 막대한 자금 능력을 갖게 된 신흥 부자와 해방노예들이 대중성을 얻기 위해 돈으로 해결하려했기 때문에 이를 제제 하려던 이유가 가장 컸다.

기원전 22년 로마의 원로원은 경기 기획에 대한 규제와 경기를 축소시키기 위한 방편으로 1년에 2회 이상 경기를 개최할 수 없고, 개인이 주최하는 경우 한 공연에 검투사를 120명 이상 투입시킬 수 없다는 내용의 법을 제정하였다. 그러나 이런 법만으로 제제하기 어려워 기원전 61년 경기의 기획은 황제에게만 있는 권리이고 공공행사와 공식적인 축하의식에서만 이를 거행할 수 있다는 내용의 렉스 툴리아 데 암비투(Lex Tullia de Ambitu) 법을 제정하였다.

1세기부터 로마에는 경기의 기획에 관한 새로운 법이 제정되었다. 경기 기획과 공연을 담당하는 관청(라찌오 아 무네리부스, Ratio a Muneribus), 공연에 관련된 장비나 의상을 담당하는 관청(라찌오 숨미 코라지, Ratio Summi Choragi) 등도 설치했다. 이곳의 책임은 로마의 주요 검투사 훈련소였던 루두스 마뉴스

(Ludus Magnus)의 우두머리이며 기사계급의 일원에서 선출되었다. 그 외 이탈리아에서 검투사 학교를 운영할 수 있는 사람도 규정되어 검투사단 에이전시(프로쿠라토레스 파밀리아룸 글라디토리아룸, Procuratores Familiarum Gladitoriarum)에게만 허용되었다.

로마 최초의 검투사 경기는 기원전 264년 브루토 페라(Bruto Pera)의 아들들이 죽은 아버지를 위해 포로 보아리오(Foro Boario)에서 검투사 3쌍을 투입한 경기였다. 기원전 3세기에서 2세기 사이 이 경기에 대한 열정이 커져가자 기원전 216년 포로(Foro)에서 22쌍의 검투사 경기, 기원전 200년에는 25쌍으로 늘어났고, 기원전 183년 대제사장이었던 리치니오 크랏쏘(P. Licinio Crasso)의 장례식을 위해서는 60쌍의 검투사가 투입되었다. 기원전 174년 티토 퀸토 플라미이노(Tito Quinto Flaminio)는 74쌍의 검투사를 동원한 검투사 경기를 거행하였는데 리비오가 언급한 경기 중의 하나로 매우 훌륭했다고 평가하고 있다. 그때까지 경기 관람객은 장례식용 검은색 토가(Toga Pulla)를 입었었다. 그러나 경기가 종교적인 기능에서 멀어져 감과 동시에 이에 대한 열기는 갈수록 상승되었으며 투입되는 검투사의 수는 계속 늘어났다. 기원전 105년 집정관 푸블리오 루틸리오 루포(Publio Rutilio Rufo)와 그네오 말리오 맛씨모(Gneo Mallio Massimo)는 대전차 경기장에서의 경기 기획은 허용해주었지만 검투사 경기는 죽은 사람을 위한 종교적 의미를 가지고 있었음으로 제제하였다. 그러나 종교적 의미가 희미해져 감에 따라 경기에 대한 정확한 기준이나 감독의 필요성이 급격히 대두되었다. 기원전 105년 레제스 글라디아토리아(Leges Gladiatoriae)라는 법이 제정된 이후에는 모든 경기는 감독을 받아야 했고 로마에서는 시법무관이 이를 관장하였다. 아우구스토는 수도, 도로를 비롯한 여러 가지 분야를 관리하는 쿠라토레스(Curatores)라는 관직을 설치하였다. 검투사 경기, 맹수사냥 경기를 관리하는 쿠라토레스도 각각 있었다. 로마에서 기획되는 경기의 모든 내용이 그들의 몫이었다. 쿠라토레스는 검투사들의 모든 것을 맡아 진행하는 라니스타(Lanista)와 접촉하여 프로그램을 발표하고 진행시키는 직책이다. 경기를 제공하는 무네라리이(Munerarii)도 아우구스토가 만들어 낸 것이다.

제국시대의 경기는 황제들이 백성을 위해 제공하는 서비스 개념이 강조되어 형식상이기는 했지만 황제 이외에는 이런 경기를 거행할 수 없었다. 빈번히 개최되는 경기를 기획하는데 소요되는 막대한 비용을 감당해야했던 황제가 경기 개최의 권리를 공식기관에 양도하면서 비로소 황제만 개최할 수 있다는 권리를 포기할 수 있었다. 한편 속주에서는 이런 권리와 의무가 부유한 시민 혹은 황실을 섬기는 최고 제사장들에게 넘어가 더 이상 죽은 자들을 위한 경기가 아니라 황제를 위한 경기로 진행되었다. 속주의 행정 관료들에게는 황제의 명예를 위한 경기를 제공하는 것이 의무적인 것이었다. 이를 위해 관료들에게 공공재정의 일부분을 할애하였지만 고질적인 재정 부족 문제는 늘 따라다녔다.

시간의 흐름에 따라 공연의 양과 질이 향상되었다. 시각적으로도 호화스러워져 은제 갑옷이 등장하고, 이국적인 동물이 투입되고, 무대 연출, 음악, 특수효과 등이 사용되었다. 공연의 취향도 변화되어 갔는데 대중이 점점 더 자극적이고 새로운 것을 원함에 따라 검투사들은 용감하게 싸우기 위해 무기를 다루는 것만 교육을 받은 것이 아니라, 어떠한 상황에서도 관객들을 실망시키지 않게 하기 위한 연기기술도 배웠다. 이렇듯 전문성을 가졌던 검투사들은 개인적으로 큰돈을 벌 수 있었을 뿐만 아니라 최고의 인기인이 될 수 있는 가능성도 있었다. 마치 현대의 영화배우처럼 대중적 인기를 누리는 사람들이 생겨났다.

검투사들은 경기 전날 마지막이 될 수도 있다는 이유로 일가친척과 함께 할 수 있는 마지막 만찬(Coena Libera)을 상다리가 부러지게 차려주었다. 이 때 일반 관객들의 구경이 허용되었고, 이들은 검투사를 가까이에서 관찰하면서 검투사들에 대한 능력이나 신체조건 등을 평가하기도 했다. 이런 평가는 법으로 금지되었던 내기로까지 발전하였다. 검투사들은 그들의 하고 싶은 모든 말과 행위를 부인, 자식, 친구들에게 할 수 있도록 허용되었다. 죽으러 가는 사람의 마지막 유언과 같은 의미를 가지고 있었다. 일반적으로 검투사들에게는 영양을 고려한 식단이 제공되었는데 특히 보리는 지방을 불려서 출혈을 막을 수 있다고 믿었기 때문에 검투사들의 주식은 보리였다. 당시 보리는 가축의 사료로 사용했던 것이기에 조롱의 의미를 담아 “보리 먹는 것들”(Hordearii)이라고 부르기도 했다.

검투사에게 속했던 모든 물품은 영화와 행복을 가져다주는 부적과 같이 여겨졌으므로 어떤 대가를 치르면서라도 가지려하는 사람이 많았다. 검투사의 피는 간질과 불임 치료, 또한 성적 능력을 향상시키는 비아그라와 같은 효능을 가지고 있는 아주 좋은 묘약이라고 믿어져 왔다. 그들의 의복이나 소지품 등 그들에게 속했던 모든 것들은 액을 쫓아주는 효과가 있다고 믿어졌음으로 그들의 옷이 조각내어져 팔리기도 하였다.

검투사 경기의 잔혹성 때문에 찬반의 문제는 항상 제기되어왔지만 반대 입장을 표명하는 사람들도 점차 구체성을 띄기 시작했다. 도미찌아노는 아우구스토나 세네카가 그랬던 것처럼 경기를 그리스의 운동경기와 같이 건전한 형태로 전환하려 시도했지만 효과를 보지 못했다. 이미 공화정 말기 시대에 철학자이며 정치가였던 마르코 툴리오 치체로네(Marco Tullio Cicerone)는 검투사 경기는 잔혹하고 비인간적이나 고통과 죽음을 시각적으로 익숙하게 만드는 훈련이라고 말하며 장단점을 언급하였다. 그러나 세네카는 살육만이 반복되는 검투사 경기와 그에 열광하는 관객들을 언급하며 "검투사 경기의 구경은 사람을 더 비인간적으로 만든다."고 비난하였고 이에 대한 장점은 언급하지 않았다. 그리스도 문학이 탄생한 이후 이에 대한 반대의견은 더욱 신랄해졌다. 테르툴리아노(Tertulliano) 의 작품 <데 스펙타쿨리스>(De Spectaculis)를 보면, 검투사 경기를 살인행위로 정의하고 있다. 흥미로운 것은 18세기 프랑스의 계몽주의 시대에 정치사상가인 몽테스키외 남작(Cherles-Louis de Secondat Montesquieus)은 검투사 경기는 로마인들의 마음속에 잔혹함을 심어 주었고 또 유혈과 부상에 익숙하게 되었기 때문에 로마 군단의 강함이 유지되었다고 장단점을 언급하여 치체로네와 비슷한 입장을 보였다. 프랑스 계몽주의 철학자였던 장 쟈크 루소(Jean-Jacques Rousseau)는 "공화정 시대에는 로마인의 용기와 선을 자극하였으나 제국시대는 유혈과 잔혹함을 사랑하게 만들었다."고 평가하면서 시대에 따라 변화된 검투사 경기를 언급하고 있다.

4) 검투사와 그 종류

(사진87, 88, 89) 다양한 종류의 검투사 모습

검투사는 노예, 범죄자, 사형수, 전쟁포로 등으로, 로마사회에서 아무런 권리를 누리지 못하는 계층의 사람들이었다. 로마인들은 그들의 목숨을 희생해도 되는 것으로 보았고, 이에 대해 아무런 거리낌이 없었다. 특히 전쟁포로들은 그들의 신체적인 조건이나 반항 기질이 감안하면 검투사로 쓰기에 가장 적합하다고 생각되었다. 당시 전쟁 포로들의 운명은 아무런 삶의 가능성 없이 죽임을 당하거나, 더 가혹한 처지에 놓일 수밖에 없었기 때문에 검투사가 된다는 것이 그들의 운명에 최악은 아니었다. 검투사 경기는 대중의 인기를 몰고 다녔던 경기였음으로 인기도에 비례하여 검투사는 갈수록 부족하였고 선호하는 계층으로 충족될 수 없었다. 결국 이 수요를 충족시키기 위해 도망가는 노예를 잡아다 응징의 의미로 검투사 양성소로 보냈다. 노예는 돈을 지불하고 데려온 주인의 절대적인 재산이었으므로 주인에 의해 맘대로 검투사 양성소에 보낼 수도 있었고 심지어는 검투사로 빌려주는 경우도 있었다. 이런 경우 다른 검투사들과 같이 양성소에서 훈련을 받았지만 3년 동안 검투사로 싸우고 죽지 않는다면 자유를 얻을 수 있었다. 검투사가 경기 중 사망하면 미래에 돈을 벌 수 있는 가능성이 없어진 것에 대한 손해배상의 명목으로 라니스타에게 검투사의 목숨 값을 지불하였다.

반면 사형수들에게는 자유를 얻을 수 있는 특혜도 살 수 있는 희망도 전혀 없었다. 이들은 경기장에 투입되어 동물에게 뜯겨죽는 아드 베스티아스(Ad Bestias)에 처해지거나 무장하여 비무장의 상대를 죽이고 상대를 죽인 후에는 무기를 빼앗긴 후 무장한 상대와 싸우고 이긴 사람에게 무기를 빼앗고 지속적으로 경기를 시키는 방법으로 마지막 한명의 사형수만 살아남는 방법인 아드 글라디움 루디 담나티(Ad Gladium Ludi Damnati)에 처해졌다.

아드 베스티아스를 처음 시행한 기록은, 루치오 에밀리오 파올로 마체도네(Lucio Emilio Paolo Macedone)가 마체도니아의 왕 페르세오와의 전쟁에서 탈영한 로마 군인들을 코끼리에게 밟혀 죽게 한 일이었다. 이 형벌은 처음에는 탈영병, 전쟁 포로 등에게 적용되었지만 후에는 일반 범죄자들에게도 내려졌으며, 특히 그리스도인들에게 내려지는 형벌로 확대되었다.

검투사 수요의 충족과 맹수 사냥 경기 개최를 위한 비용 문제는 여러 가지 일화로 고증되는데, 클라우디오 황제는 자신에게 거슬리게 행동했다는 이유로 관료를 아레나로 내려 보냈다. 칼리골라 황제는 감옥에 있는 모든 죄수를 아레나로 보냈는데, 동물에게 줄 먹이가 없었기 때문이라고 한다.

공화정 시대에는 말도 안 되는 이야기였지만 제국시대에는 황제 스스로 자신의 허영을 만족시키기 위해 아레나로 내려갔다. 이 시기에는, 비록 소수이기는 했지만 여느 직업과 마찬가지로 선택하여 검투사가 될 수 있는 가능성도 존재했다. 이런 현상은 1세기부터 나타났으며, 콤모도 황제 시대에는 특히 검투사의 사회적 신분이 상승하여 직업으로 검투사 경력을 쌓으려는 자유민도 생겨났을 정도였다. 로마의 자유민도 일정기간동안 검투사 노예가 될 수 있었다. 자유민이 검투사가 되려면 민회 법정에서 자의에 의해 검투사가 된다는 의사표현 절차 후 가능하도록 하였다. 이것은 순간적인 경솔한 결정을 막으려는 절차였지만 후에는 이런 절차도 무의미한 것으로 여겨져 간소화되었다. 이런 신분을 “불명예스러운 자”, “타락한 자”, “수치스러운 자”라는 의미로 인파메스(Infames, 현대 이탈리아어에선 욕 중의 하나이다) 혹은 파리아(Paria, 천민) 라고 불렀고 노예 중에서도 가장 최하위 급으로 보아 멸시 당했다. 창녀와 동급으로 보았던 신분이다. 그리스도교가 국교가 되고 나서 교회는 라니스타나 독토레스 등 검투사 경기와 관련된 모든 사람은 “세례를 받을 자격이 없는 자”로 규정하기도 했다.

관객에게 사랑받은 검투사들은 경기 후에 많은 선물을 받

(사진90) 독토레스였던
아니체투스(Anicetus)의 비석

았다. 일 년에 3차례 이상 경기에 참여하지 않았다지만 그들의 수입은 자유를 살 수 있을 정도에 달하였다. 검투사 경력으로 큰돈을 번 사람도 있었고 개인 노예를 가진 검투사도 일부 있었기 때문에, 파산한 사람이 계약금으로 목돈을 쥘 수 있고, 돈을 벌 수 있다는 희망으로 검투사가 되는 식으로 탈출구를 찾고자 하였다. 더한 경우에는 사회적인 비난에도 불구하고 단순히 위험에 대한 스릴과 폭력, 무기에 대한 사랑과 대중적 인기 때문에 검투사가 되는 사람도 있었다. 학자들에 의하면 검투사들의 약 20%는 자유민이었다고 한다.

검투사의 경력은 라니스타 수하로 들어가면서 시작되었고 라니스타의 검투사단(Familia Gladiatoria)에 속하게 된다. 이 그룹에는 검투사들의 서열(Palus)이 있었다. 라니스타는 검투사들의 생과 사에 대한 결정권을 가지고 있었다. 검투사는 라니스타의 아래에 예속되면서, 인장을 찍는 것과 채찍질을 비롯한 어떠한 처벌도 감수하겠다는 절대적 복종에 관한 선서를 해야만 했다. 이런 선서를 요구하는 것은 무기를 다루는 기술을 교육시킨 후의 반발 가능성을 원천봉쇄하려는 의도였고 모든 시험을 통과하고 검투사가 된 후에도 그들의 유일한 구원은 절대적 복종에서 온다는 확신을 주기 위한 것이기도 했다. 검투사의 준비과정에는 수년이 소요되었는데 관객들의 까다로워져

가는 기대에 부응하기 위한 것이었다. 이런 모든 과정을 거친 후 검투사가 되었고 아레나로 내려갔다.

검투사들은 복장이나 소지한 무기 등으로 구분되었다. 로마제국이 팽창하면서 로마가 정복한 나라의 포로들은 훈련을 거쳐 전문성을 가진 검투사로 양성되었다. 검투사에게 창검 기술을 비롯해 검투사 경기에 필요한 모든 것을 철저하게 가르쳤던 교관들은 은퇴한 검투사들인 독토레스(Doctores)로 실제 경기에서 사용되는 무기보다 조금 더 무거운 것으로 그들을 훈련시켰다. 검투사들은 아레나에서 영예롭게 죽는 방법도 배웠다. 승리자에게 자신을 죽일 수 있도록 목을 내밀었고, 승리자는 급소를 찔러 빨리 죽을 수 있도록 해주었다. 패배한 검투사는 저승사자 역할을 하는 카론테(Caronte)와 프시코폼포(Psicopompo) 복장을 한 사람들이 검투사가 죽었는지 확인하고, 아직 죽지 않았다면 창이나 몽둥이로 마무리를 하고나서 시신을 스폴리아리움으로 운반하였고 후에 검투사군단이나 가족에게 시신을 인도하였다. 동시에 승리자를 위한 팡파르 음악이 나오고 그에게 승리의 관과 상품이 수여되었다. 승리자에게 종려나무 가지가 하사되고 탁월했던 승리자에게는 월계관이 내려졌다. 이들은 시민들 사이에 인기가 대단하여 보석이나 항아리에 초상화를 그리고 석상을 만들기도 했다. 일반적으로 검투사는 죽을 때까지 싸웠다고 생각하나 방패를 던지거나 집게손가락을 올리면 항복의 의사 표시였다. 상대방이 부상당해 무력화되어있을 때 상처를 입히는 것은 비겁한 행위로 경멸을 받았다. 이때 관중이 "그는 패배했다."(Habet hoc habet).라고 말하면서 심판의 판단으로 경기가 중단되었고 이때 관객이 "밋테!"(Mitte)를 외치며 엄지를 올리면 살려주라는 의미이고 "주굴라!"(Jugula)를 외치며 엄지를 내리면 죽이라는 의미였고 이렇게 경기는 종료되었다. 종료 후에는 승자(Vicit), 패자(Perdit), 살려준 자(Missi) 등을 대전판 위에 기록하였다.

각각의 검투사들은 무기의 종류에 따른 전문성을 가졌고 검투사의 테크닉이나 복장은 전통적인 것을 따랐다. 관객들은 오랜 경험을 통해 검투사들의 움직임을 너무나 잘 알고 있었기 때문에 그들에게는 늘 전문적인 움직임이나 진행이 요구되었다. 관람객들은 이들의 행동이나 진행을 보고 그들의 행위를 승인하거나 비난하였다. 관람객들은 경기 진행이 느슨해지고 일관된 것을 싫어했고 검투사의 대범하고 놀라움을 주는 행위에 열광했으니, 검투사들은 이에 부응하기 위해 노력해야만 했다.

여러 차례 승리한 검투사는 은퇴를 허용받기도 했지만 갈채를 받고 인기를 누리는 것과 승리의 영광은 마약과 같은 것이어서, 불행한 결말을 예측하면서도 이를 거부하고 계속 활동하는 것을 선호한 검투사들이 많았다. 심지어는 은퇴했다가 복귀하는 사례도 있었다. 시칠리아에서 발견된 한 묘비에 의하면 4차례 목검을 하사받았음에도 불구하고 은퇴하지 않았고 검투사로 남길 원했다고 한다. 검투사라는 직업은 큰돈을 벌 수 있기도 했지만 대중적인 인기를 누릴 수 있었다. 특히 여자들에게 인기가 높았다. 여자들은 그들과 하룻밤을 보내기 위해 엄청난 돈을 지불하기도 했다.

글라디아토레(Gladiatore, 검투사)라는 명칭은 이들이 소지하는 무기 글라디오(Gladio)에서 유래한 것이다. 일부학자들은 이 어휘의 사용을 체사레 때부터로 보지만, 실상 그보다 훨씬 이전인 에트루리아인들 사이에서부터 사용되었던 어휘이다.

글라디오는 로마군들도 소지하던 무기로 양날을 가진 칼이고 칼의 크기는 장정의 허벅지 사이즈 정도, 즉 64센티미터에서 81 센티미터 사이의 것이다. 칼의 무게도 조금씩 차이는 있지만 대개 1.5킬로그램 정도로 가볍고 휴대와 사용에 용의하다는 장점을 가지고 있었다. 이 무기의 기원은 삼니움인들(Sanniti)과 이베리아 반도의 사람들이 사용하던 칼이다. 전설에 의하면 쉬피오네 라프리카노는 자신의 군대를 무장시킬 의도로, 스페인과 전쟁시 카르타고 노바를 점령한 후 도시를 파괴하지 않고 주민을 살려주는 조건으로 이베리아 반도에서 유명한 장인들이 만든 글라디오를 10만개를 만들어 바칠 것을 요구했다고 한다. 이것이 후에 글라디오 히스파니치(Gladio Hispanici)라고 불린 무기가 되었고 로마인들이 사용하게 되면서 조금씩 진화되었다.

검투사의 종류는 약 15가지로 무장 방법이나 출신지역에 따라 나뉘었다. 그러나 정확한 명칭 확인이 어려운 검투사도 있기 때문에 이들을 정확한 범주로 분류하는 것은 어렵다. 검투사 경기가 약 5세기 동안 지속되면서 시대마다 관객들의 선호도에 따른 변화가 수반되었다. 학자들은 검투사의 분류에 관한 매우 다양한 의견을 내놓고 있다. 그도 그럴 것이 정확한 분류를 위한 자료나 기록이 부족하기 때문이다. 어쨌든 검투사들은 정해진 틀에 따라 무장되었다. 공격용 무기를 많이 지닌 검투사들은 방어무기가 부족하고 반대로 방어무기를 많이 지닌 검투사들은 공격용 무기가 부족한 것이 기본적인 틀이었다.

검투사들의 복장은 복부나 급소가 노출된 형태가 많았다. 이는 급소가 노출되어야 부상당해 피를 흘리며 경기가 진행됐다는 점과 갑옷으로 보호가 많이 될 경우 검투사들의 움직임이 둔해지고 경기의 흥미가 줄어들었기 때문이다. 검투사들의 무장은 보호를 위한 것이 아니라 경기의 시각적인 효과를 위해 사용하였고 팔이나 다리를 보호하는 것은 급소를 보호하느라 신경 쓰지 못하는 부분을 보호하기 위한 것이다.

삼니테스(Samnites)는 가장 오래된 검투사의 형태이고 이탈리아의 남부지방의 삼니움인들처럼 무장했었던 것에서 유래된 검투사의 이름이다. 그들은 산악 민족으로 일종의 게릴라전과 같은 전쟁 방법으로 로마를 곤란하게 했던 강력한 적이었고, 기원전 340년 정복된 민족이다. 완전히 로마의 손아귀에 들어온 것은 기원전 82년이다. 삼니테스라는 검투사는 후에 세쿠토르(Secutor)라고 불렸다. 이들은 작은 원형 방패 혹은 긴 사각 방패와 글라디오(Gladio)를 들고 있는 공격형 검투사였다.

세쿠토르(Secutor)라는 이름은 아우구스토 시대에 등장하는 것으로 로마의 동맹이 되었고 로마의 시민권을 획득한 삼니움인들의 감정을 상하지 않도록 삼니테스에서 이름이 변형된 것이다. 세쿠토르가 공식적으로 처음 등장한 것은 칼리골라 황제 시대였다. 그들은 크고 긴 사각방패에 글라디오로 무장했고 레티아리우스와 상대를 많이 했기 때문에 콘트로레티아리우스(Contro-retiarius)라고도 불렀고 그들의 그물에 걸리지 않도록 투구에는 장식이 거의 없었다. 세쿠토르와 비슷한 형태의 자쿨라토르(Jaculator), 풀사토르(Pulsator)가 있었지만 잘 알려지지 않았다.

수세기 동안 세쿠토르는 호플로마쿠스(Hoplomachus)로 변화하였고 이름은 큰 청동 방패(Oplon)에서 온 것이다. 중무장 검투사로 그리스와 동지중해 지역을 정복한 후 확산된 검투사 형태로 고대 그리스의 중장보병과 비슷하다. 세쿠토르보다 방패의 사이즈가 커진 특성이 있으며 깃털이 달린 헬멧을 썼다. 미르밀로와 트라치는 그들의 대표적인 상대였다.

세쿠토르의 다른 변형은 프로보카토르(Provocator)로 원형 방패와 창으로 중량급 무장한 검투사들을 의미하며, 금속과 가죽으로 자신들을 보호하였다. 복장은 원래 로마 병사의 모방에서 출발하여 독자적인 모습으로 변화하였다 호플로마쿠스와의 다른 점은 글라디오보다 조금 더 긴 칼인 스파타(Spatha)를 지니고 깃털이 없는 투구를 착용하나 좌우에 깃털이 장식되었다.

레찌아리우스(Retiarius) 어부처럼 상대방을 공격할 수 있는 큰 그물과 삼지창, 작살 혹은 칼로 무장한 종류의 검투사를 의미한다. 칼은 적의 마지막으로 죽일 때 사용한 듯하다. 이들은 왼손에 그물을 들렀었기 때문에 왼쪽을 보호하기 위한 장비를 갖추었다. 그물을 던져 실패했을 경우를 대비해 허리띠에 묶었었다. 다른 검투사와 다르게 투구도 쓰지 않았고 방패도 들지 않았다. 아우구스 시대부터 등장하는 부류의 검투사로 얼굴과 몸매를 드러내고 싸우기 때문에 신체 조건이 좋고 젊고 보기 좋은 모습의 검투사들로 뽑았다고 한다.

미르밀로(Myrmillo)는 갈리아 기원인 물고기 형태의 투구를 쓰고 로마 군단의 병사들의 거대하고 긴 방어용 방패로 무장한 검투사로, 거의 벌거숭이 상태로 경기하였다. 레찌아리우스의 고정 상대는 미르밀로였다. 이들의 상징은 물고기와 그물을 의미하는 것으로 보인다. 그러나 트라치나 호플로마쿠스와의 경기도 적지 않게 경기가 이루어진 듯하다. 이것도 학자들마다 서로 다른 의견을 내놓고 있기 때문에 정확한 규명은 쉽지 않다.

엣세다리우스(Essedarius)는 현재 영국 정복 이후 도입된 것으로 브리타니아 군사들처럼 이륜전차를 타고 싸우는 부류의 검투사이고 영화 <글래디에이터>에서 등장하는 것처럼 전차를 탄 사람끼리 싸운다.

에퀴테스(Equites)는 갑옷으로 무장시킨 말(Catafrati)을 타고 둥근 방패와 창으로 무장한 검투사이다. 동류의 검투사와 싸우고 말을 타고 싸우다 전투가 교착되면 말에서 내려 싸우기도 했다.

안다바테스(Andabates)는 그물 갑옷으로 무장하고 시야를 차단하는 투구를 썼기 때문에 앞을 볼 수 없어 관객의 웃음을 유발할 수 있는 검투사의 부류이다.

트라치(Traci, 라틴어 Thraex)는 기원전 1세기 실라 시대에 등장한 부류로 그리스의 장군 미트리다테(Mitridate)의 용병으로 싸웠던 용병들을 전쟁포로로 잡은 후 유래했다고 하고 또는 트라키아와의 전쟁을 재현하는 검투사 혹은 트라키아 출신의 검투사라고 한다. 그들은 4각 방패를 들고 오른손은 가죽 끈으로 칭칭 감았다. 그들은 무릎 윗부분까지의 보호대(Svhumieri)를 착용하고 구부러진 칼과 헬멧을 쓰고 경기하였다. 트라키아 민족의 호전성을 잘 보여주는 무기를 사용하였다. 장비는 그들의 전형적인 상대인 호플로마쿠스와 비슷했고 미르밀로와도 자주 상대했다. 스파르타코는 이 부류에 속한 검투사였을 것이라는 추측이 있다.

갈로(Gallo)의 기원은 체사레가 갈리아 지역을 정복한 후 도입한 형태라고 일부 학자들이 주장하지만 에트루리아 사람들이 전쟁 포로들을 무네라에 싸우게 했던 시대까지 거슬러 올라간다고 보는 학자들이 많다. 갈리아 지역에서 포로로 생포될 때 당시의 그들의 원래 무장으로 헬멧은 쓰지 않고 사각형 방패를 들고 싸우게 한데서 유래한 듯하다.

벨레스(Veles)는 투창으로 무장한 검투사로 던진 창을 회수하기 위해 아마 투창에 끈이 달려있었던 듯하다.

라퀘아리우스(Laquearius)의 무기는 채찍으로, 적을 쓰러트리고 목 졸라 죽이기 위한 용도였던 듯하다.

사지타리우스(Sagittarius)는 활과 살로 무장하여 동류의 검투사와 상대하는 종류이다.

디마케레우스(Dimachereus)는 이인 일조로 싸우는 검투사로 그들의 헬멧은 앞을 보지 못하게 되어있었다. 2세기에서 4세기 사이에 유행했던 검투사이다.

쉿소르(Scissor)는 아무런 정보가 없으나 묘지의 비문에서 언급된 검투사이다.

아마존(Amazon)과 아킬리아(Achillia)는 알리카르낫소(Alicarnasso)에서 온 부조에 표현된 것으로 여자 검투사들이며 머리와 몸통은 나상이고 사각 방패와 칼을 들고 싸우는 검투사이다.

일반적으로 경기의 상대는 정형화되어 있어, 레티아리우스와 미르밀리, 트라치와 세쿠토레스, 트라치와 미르밀리 등이 경기하였지만 로마인들은 항상 색다른 것을 추구하였기 때문에 신화적인 내용을 재현하거나 일부러 우스꽝스러운 코미디 같은 상황을 연출하기도 하였다. 예를 들면 도미찌아노 황제는 90년에 난장이와 여자를 함께 경기시켰다고 한다.

5) 검투사 양성소(Ludus)

에트루리아 어원에서 온 라니스타는 루두스(Ludus)를 운영하는 사람이고 검투사를 사고파는 업무뿐만 아니라 검투사 양성소에 들어온 사람들에 대한 절대적인 권리를 가진 자였다. 대부분의 라니스타는 루디스(Rudis)라고 불리는 목검을 하사받고 은퇴한 검투사로, 그들의 신분을 표현하기 위해 비르가(Virga)라고 부르는 지휘봉을 들고 다녔다. 라니스타는 검투사 경기에서 살아남고 부를 축적하였지만 사회적인 지위로 보면 사창가의 포주와 같은 미천한 신분이었다.

루두스는 제국 전체에 설치되었던 것으로 검투사 학교, 양성소 혹은 감옥 등의 특징을 가졌다고 보면 이해가 쉬울 듯하다. 중앙에 훈련을 위한 운동장이 있고 이를 중심으로 설치된 작은 방들에서 숙식하는 구조였다. 처음에는 사립으로 부유한 시민에 의해 운영되는 곳이었으나, 체사레 때부터는 황제들에 의해 공식적으로 운영되었다. 제국의 속주에 있는 루두스는 전체적인 지역을 관할하는 감찰관의 감독 하에 있었다.

루두스는 공화정 시대부터 설립되기 시작했다. 최초의 것은 2차 삼두정치의 주역인 에밀리오 레피도(Emilio Lepido)가 세운 것으로, 정확한 위치는 알려지지 않았지만 가문의 이름을 따서 루두스 에밀리우스(Ludus Aemillius)라고 불렸고 오랏찌오(Orazio)의 작품 <시예술>(Ars Poetica)에 언급되어 존재 사실을 확인할 수 있다. 4세기에는 발네움 폴리클레티(Balneum Polycleti)라는 수영장으로 개조되어 사용되었다. 도미찌아노 황제는 콜로쎄오 근처에 마뉴스(Magnus), 갈리쿠스(Gallicus), 다치쿠스(Dacicus)

(사진91) 포르마 우르비스(Forma Urbis)에 표시된 루두스 마뉴스

등의 루두스를 건설하였다. 세네카(Seneca)에 의하면 근처에 이미 존재하던 루두스 베스티아리우스(ludus bestiarius) 위에 건설된 루두스 마투티누스(Ludus Matutinus)는 맹수 사냥 경기를 위한 검투사 양성소로 첼리오 언덕의 디보 클라우디오 신전 근처에 위치했었다고 한다. 1938년 발굴되었고 타원형 카베아의 기초를 가지고 있다.

콜로쎄오 앞쪽 오른쪽에는 루두스 마뉴스 왼쪽 부분에는 루두스 마투티누스가 위치하고 있다. 루두스 마뉴스 절반 정도는 1937년 발굴되었다. 루두스 마뉴스는 이름에서도 표현된 것과 같이 로마에서 가장 크고 중요한 검투사 양성소였다. 여기서 제국의 여러 속주에서 온 대부분의 검투사들이 훈련받았고 기거할 수 있는 시설이 있었다. 그 외에 장축 길이 62미터, 단축 길이 45미터 규모의 콜로쎄오와 같은 형태의 원형 경기장도 포함하고 있었다. 3000 관람객을 수용할 수 있는 계단석이 있었고 지하 통로를 통해 콜로쎄오와 연결되어 있었다. 루두스 갈리쿠스(Ludus Gallicus)와 루두스 다치쿠스는(Ludus Dacicus)는 검투사들의 출신지역을 지시하는 데에서 유래한 이름으로 보이지만 정확한 것은 아니고 경기의 종류 때문에 붙여진 이름일 수도 있다.

기원전 73년 수십 명의 노예들이 카푸아의 검투사 양성소를 탈출하여 이후 약 3년 동안 지속된 반란을 일으켰다. 이런 사건 이후 검투사 양성소는 비슷한 사건의 재발을 막기 위해 각각의 루두스는 군대 병영 옆에 세워졌고 아침에 무기를 나누어주었다가 저녁에는 회수하였다. 이렇게 철저한 관리와 감시 하에 있었으므로 로마인들은 루두스를 도심에 세워도 될 정도로 안전하다고 여겼고 검투사 노예들은 도주 가능성 또한 전혀 없었다. 또한 이 반란 이후 라니스타라는 직업은 점차적으로 그 자리를 잃어갔다.

6) 검투사의 반란과 스파르타코(Spartaco)

이탈리아 남부 카푸아에 있는 렌툴로(Lentulo) 검투사 양성소에서 자유를 되찾기 위해 검투사들이 탈출 후 베수비오 산 쪽으로 도주하였고 거기서 모든 노예들의 자유를 선포하였다. 이들의 수는 자료마다 다른데 30명 정도로 보는 학자들에서 70명까지 보는 학자들도 있다. 그들은 스파르타코, 크릿쏘(Crisso), 에노마오(Enomao) 등을 우두머리로 뽑았다. 수많은 노예들이 탈출하여 스파르타코의 무리에 합류하였다. 진압을 위해 파견된 로마군을 물리치자 얼마 지나지 않아 이들에게 합류하는 노예들은 기하급수적인 수로 늘어났다.

로마 사회의 특성상 노예들의 반란은 빈번히 일어나던 일이었다. 특히 기원전 132년과 104년 사이에는 수없이 많은 반란이 일어났다. 기원전 73년 스파르타코의 반란은 마지막으로 일어났던 노예들의 대규모 반란이었다.

(사진92)
스파르타코가
포함되었다는 트라치
검투사 모형

주동자였던 스파르타코가 누구였는가는 정확하게 알려진 바 없지만 여러 가지 가정이 존재한다. 현재 불가리아 지역인 트라키아 군인이었다가 포로가 되었고, 이후 검투사 노예로 전락했다고 하는 설과 플로로(Floro)의 언급에 의하면, 용병이었다가 후에 군인이 되었고 탈영하여 산적이 되었다가 검투사 노예가 되었다고 하는 설도 있다. 그에 대한 정확한 기록이 거의 없으므로 명백히 이야기하긴 어렵지만 분명한 것은 그가 비록 검투사 노예였지만 군인으로의 자질과 우두머리 기질을 가지고 있었다는 것이다. 그는 약탈을 금지하였고 전리품은 균등하게 분배했다. 금붙이로 사치를 금지하였고 군대를 편성하여 노예들을 통솔하는 능력도 보여주었다.

동참했던 반란군 노예들은 이탈리아 출신을 비롯해 갈리아, 트라키아, 게르마니아, 켈트 출신 등 다양했다. 이들은 처음 캄파니아 지방을 섭렵하는 데서 시작하여 이탈리아 남부 지방의 여러 도시를 함락시켰다. 많은 도시들이 이들을 무시하고 지지하는 것을 거부했고, 그들은 무력으로 이들 도시를 함락했다.

로마는 처음엔 이 반란을 대수롭지 않게 여겼고 이들을 진압하기 위해 정규군을 보내는 것도 수치스럽다고 생각했다. 이런 이유로 반란군은 남이탈리아에서 장기간 동안 특별한 제제를 받지 않고 그들의 활동 영역을 넓힐 수 있었고 점차적으로 북으로 진군하여 무티나(Mutina 현재 모데나, Modena)까지 올라갔다. 그러나 이런 승승장구에도 불구하고 스파르타코는 로마를 이길 수 없고 도시를 건설하는 것도 불가능하다는 것을 알았기 때문에 동료들이 자유를 찾아 고향으로 돌아갈 수 있도록 알프스를 넘기 위해 갈리아 지역으로 이동하였다. 북상하면서 노예군은 캇시오(Cassio)가 이끄는 로마군을 물리쳤다. 로마에게는 매우 망신스러운 결과였고 스파르타코는 그 후 네 차례나 더 로마군을 물리쳤다. 승리의 맛을 보고 자만에 빠졌을 뿐 아니라 승리 후 얻을 수 있는 전리품에도 욕심이 난 동료들은 로마로 진군하길 원했다. 한편 로마의 원로원은 이 부끄러운 사태를 수습하기 위해 실라의 가장 훌륭한 부하인 법무관 크랏쏘(Crasso)를 파견하여 이들을 저지하도록 하였다.

정치적인 야망이 컸던 크랏쏘는 압수된 재산을 헐값에 구입하는 방법으로 엄청난 부를 축적한 사람이었다. 이렇게 축적한 부를 출세를 위한 발판으로, 권력자들의 테두리 안에 들어가기 위해 아낌없이 내어놓았다. 이런 방법으로 그는 폼페오의 친구가 되었고 후에 체사레의 친구가 되었다. 이렇게 1차 삼두정치의 주역이 된 인물이었다.

스파르타코는 로마를 향해 내려오다가 크랏쏘(Crasso)에 의해 저지당하자 동쪽으로 돌아 아드리아 해안을 따라 내려오면서 루카니아(Lucania)에까지 이르렀다. 스파르타코는 시칠리아 섬으로 가려했고 거기서 전열을 다듬어 다시 노예들의 반란의 불을 붙이려했던 것 같다. 그는 당시 지중해를 어지럽히던 해적들에게 배를 빌렸지만 그들은 대금을 다 받은 다음 노예 군에게 배를 대주지 않았고 스파르타코 군은 해변에 방치되어 오도 가도 못하는 상황이 되었다. 해협을 건널 수단을 찾지 못해 반도의 끝단인 레지오(Reggio)에 묶여있게 되자 그들은 다시 북상하기로 결정하였다.

한편 크랏쏘는 이 기회에 이들을 저지하기 위해서 요새를 건설하여 그들을 고립시키려 하였지만 반란군은 폭풍우가 있던 밤을 이용하여 상당수가 여기에서 빠져나갔다. 크랏쏘는 이들을 쉽게 볼 수 없다는 위험성을 감지하였고 모욕에 분노하여 반란군 앞에서 도주한 군인들을 데치마찌오네(Decimazione)를 시행하였다. 이것은 로마군이 가장 두려워했던 처벌로 무작위로 열 번째 군인을 처벌하는 방법이었다. 크랏쏘는 이런 처벌방법으로 자신의 군대의 4천명을 처벌하였고 이 사건은 부하들이 적보다 자신의 사령관을 더 두려워하는 존재로 만들었다.

가혹하고 비인간적인 처벌이었지만 효과를 보아 그 다음 전투에서는 승리하였다. 최종 결투는 브린디시(Brindisi) 근처에서 있었다. 플루타르코(Plutarco)에 의하면 스파르타코는 이 전투에 임하기 전에 자신이 타던 말을 죽이면서 "만일 내가 이 전투에서 이긴다면 로마인들의 모든 말을 가질 수 있고 패배한다면 이 말도 필요하지 않다"라고 하면서 생존을 위한 전투에 임하는 비장함을 보여주었다고 한다.

이 반란에서 6만 노예가 사망했고 생포된 6천여 명은 카푸아에서 로마까지 압피아 가도(Via Appia)에서 십자가 처형을 당했지만 스파르타코의 시신은 발견하지 못했다고 한다. 이들 중 약 5천 명은 도주하여 북쪽으로 이동하였으나 스페인에서 돌아오는 폼페오 군인을 만나 전멸하였다.

누가 봐도 노예들의 반란은 크랏쏘의 공으로 마무리된 것이지만 폼페오는 자신이 마무리했다고 자랑하며 개선 행렬까지 허용 받았고 크랏쏘는 오바찌오(Ovatio), 즉 작은 승리라는 의미로 이보다 한 등급 아래인 개선 행렬만 허용 받았다. 즉 개선마차를 타고 오는 것이 아니고 걸어 들어오는 것이고 복장도 토가 픽타(Picta)를 입는 것이 아니라 토가 프레텍스타(Praetexta)를 입고 월계관을 쓰는 것이 아니라 은매화 관을 쓰며 캄피돌리오(Campidoglio)에서 황소를 제물로 바치는 것이 아니라 양을 제물로 바치는 개선행사를 의미한다. 크랏쏘에게는 매우 부당한 처사였지만 이 전쟁의 공으로 폼페오와 크랏쏘는 기원전 70년에 집정관이 되었다.

로마는 동방과의 전쟁이후 수많은 노예들을 이탈리아 반도로 들여왔다. 이탈리아 반도에서 저렴한 가격으로 구할 수 있는 풍부한 노동력은 농부-군인 계층이 사라지게 하는 사회적 문제를 야기하였다. 소규모의 자영 농민들은, 헐값에 사들인 노예의 노동력을 이용한 지주들의 대규모 농업과 경쟁할 수 없었기 때문에 대지주에게로 농토가 집중되었다. 지주들이 거느린 노예들의 처우는 매우 열악하였으므로 항상 반란의 불씨가 도사리고 있었다. 반란을 예방하기 위한 여러 가지 해결점이 제안되었지만 뾰족한 해결책은 없었다.

각 주

감찰관(Censore)

기원전 444년부터 시작된 로마의 관료로 감찰관은 어원으로 보자면 인구조사에 주요 기능이 있었던 것으로 후에는 공중도덕을 유지하는 기능도 첨가되었다.

검투사단(Familia gladiatoria)

라니스타를 중심으로 검투사 양성소를 기준하여 집단을 이루던 검투사 집단을 말한다. 여기에서 검투사들의 계열(Palus)를 정했다. 현재까지 비문을 통해 규명된 계열은 수석 검투사에서 시작해 8등급까지 검증되었다.

공연에 관한 책(Liber de Spaectaculis)

마르찌알레가 티토 황제가 콜로쎄오 축성식을 거행할 때 쓴 경구시로 이중 33편이 남아있다. 황제의 맘에 들어서 유스 트리움 리베로룸(Ius Trium Liberorum, 3명의 자식에게 경제적 특혜를 주는 상)의 특혜를 주었고 후에 기사계급(Equestre)을 받으며 신분까지 상승할 수 있었다.

기록말살형(Damnatio Memoriae)

로마에 반역하거나 불명예를 끼친 사람이 흔적이 남아 기억되는 것은 로마에 해가 됨으로 그런 사람의 사후에 그의 모든 기록을 없애는 형을 의미한다. 기념비를 제거하고 공식적으로 이름조차 언급하는 것을 금지시켰던 형이다.

나우마키아(Naumachia, 모의해전)

그리스 어원으로 시작되어 로마인들의 공연 문화의 한부분이 되었고 문자상의 의미는 선박전투라고 할 수 있고 해전을 재현하는 경기이다. 이런 경기를 위해 전용 공간이 건설되기도 했고 원형 경기장에서 거행되기도 했다.

나우마키아리(Naumachiarii)

나우마키아에 투입되는 사람들을 부르는 용어이다.

네로의 인공호수(Stagnum Neronis)

로마의 화재 이후 네로가 건축한 도무스 아우레아의 한 부분으로 현관 앞의 독립적인 공간으로 만들어졌다. 도시와 같은 형태의 건축물로 에워싼 형태의 인공 호수였다.

노체라(Nocera)

기원전 7세기경 에트루이라인과 오쉬(Osci) 민족에 의해 건설된 도시로 기원전 216년까지 삼니움인들에게 정복되었고 기원전 42년에 로마에 정복당했다. 이탈리아 통일 시기에 도시가 상부와 하부로 이분되었다. 이탈리아 남부 살레르노 근처에 위치한다.

닙비(Antonio Nibby)

역사가이며 고고학자이고 로마 고대 기념비의 지지학의 기초를 딱은 사람이다. 콜로쎄오와 주변의 발굴에도 참여했던 인물이다.

대 그리스(Magna Grecia, 마냐 그레치아)

기원전 8세기부터 시칠리아를 포함한 이탈리아 남부 지방을 그리스인들이 식민도시를 건설한 후 이를 포함한 그리스를 부르는 이름이다.

데모크리토(Democrito 기원전 460-370)

그리스의 철학자이며 수학자로 우주의 원자 이론을 발전시킨 인물이다.

도무스 아우구스타나(Domus Augustana)

이 궁은 팔라티노 언덕에 도미찌아노 황제의 개인 용도의 궁이었다. 81년에 라비로(Rabiro)가 시작하여 92년에 마무리하였다.

도무스 아우레아(Domus Aurea, 황금궁전)

네로가 화재 이후 지은 자신의 궁으로 호화롭게 건축한데서 붙여진 이름이다. 64년 로마의 대화재이후 팔라티노 언덕과 에스퀴리노 언덕을 포함하는 약 80 헥타르의 면적에 건설된 궁이다.

디보 (Divo)

고대 로마인들은 사회적으로 존경을 받았던 중요인물은 죽어서 신들 사이에 있다고 믿어 신격화시켜주었다. 제국시대 전체에 원로원은 이를 승인하고 신격화 의식을 하였고 신전을 세웠다. 로마인들의 종교에는 이들을 섬기는 것을 포함시켰다.

디보 클라우디오(Divo Claudio)

클라우디오 드루소 네로네 제르마니코(Claudio Druso Nerone Germanico)는 늙은 나이에 황제가 된 인물로 그는 로마에 가장 유명한 여인들의 남편이었다. 하나는 로마 역사상 가장 방탕했다는 멧살리나(Messalina)였고 다른 하나는 네로의 어머니인 아그립피나(Agrippina)로 남편을 독버섯을 먹여 암살하고 그를 신격화하여 신으로 만들었고 아들을 황제 자리에 올렸다. 그의 신전은 콜로쎄오 근처에 세워졌다.

라니스타(Lanista)

이지도로 디 시빌리아에 의하면 에트루리아 어원이라고 하며 초기에는 장례의 형태로 태어난 검투사경기를 관장했지만 후에 경기로 발전하였다. 고대 로마시대에는 검투사들을 훈련시키는 사람이고 이들은 검투사 양성소인 루두스의 주인이기도 했다. 그들은 신분은 노예, 전쟁포로, 자유민 등을 포함하며 대개 은퇴한 검투사인 경우가 많았다. 스파르타쿠스의 반란 이후 유명무실해진 직업이다.

라비로(Rabiro, 혹은 Rabirio)

1세기의 로마의 건축가로 도미찌아노 황제를 위해 다수의 건축물을 실현하였다. 그가 실현한 건축물의 공통점은 건축물의 선반에 톱니 장식을 했는데 당시 건축가의 이름이 중요하지 않던 시대에 작품에 사인과 같은 기능의 표시였다.

라우렌툼(Laurentum)

공화정 시기에 사라진 라틴 도시국가 중의 하나이다. 로마에서 10 밀리아(Miglia) 떨어진 곳에 위치하며 이 도시를 연결하는 도로를 라우렌티나가도(Via Laurentina)라고 부른다.

란치아니(Rodolfo Lanciani, 1845-1929)

이탈리아의 고고학자로 그의 포르마 우르비스 로마는 46개의 패널에 로마의 아울렐리아네 성벽(Mura Aureliane) 내부와 일부 외부 지역의 고고학 자료를 집대성한 작품을 실현하였다. 그 외 "로마의 발굴역사"라는 저서를 집필하였고 처음에는 교황청 후에는 이탈리아와 협력하며 왕성한 발굴 활동을 한 인물이다.

람프리디우스(Aelius Lampridius)

라틴 문학가로 황제사(Historia Augusta)의 저자중의 하나인 인물로 그의 작품은 콤모도, 엘리오가발로, 알렉산드로 쎄베로 황제 등의 인생을 집필한 것으로 추정된다.

렉스 로쉬아 테아트랄리스(Lex Roschia Theatralis)

기원전 49년 루치오 로쉬오 파바토(Lucio Roshio Pabato) 법무관이 체사레의 이름으로 갈리아 속주에 제시한 법이다.

렉스 율리아 테아트랄리스(Lex Iulia Theatralis)

이 법은 아우구스토가 극장이나 경기장에서 각 신분계층에게 자리를 지정하는 것으로 이미 아테네나 스파르타에서 실행되던 것을 모델로 만든 것이다.

렉스 툴리아 데 암비투(Lex Tullia De Ambitu)

기원전 63년 툴리오 치체로네(Tullio Cicerone)가 집정관직에 있을 때 제시한 법으로 유언에 의한 것을 제외하고 민심을 사기위해 출마 2년 전에는 검투사 경기를 제공할 수 없다는 내용이다.

루두스(Ludus)

검투사 양성소를 지칭하는 말로 라니스타에 의해 운영되고 검투사들의 막사를 포함한다.

루두스 갈리쿠스(Ludus Gallicus)

갈리아 출신의 검투사를 위한 것인지 검투사 경기의 형태가 갈리아와의 전쟁을 재현한 것이지는 분명치 않다.

루두스 다치쿠스(Ludus Dacicus)

콜로쎄오 근처에 세워진 것으로 초기에는 도미찌아노 황제가 현재 루마니아인 다키아에서 데려온 전쟁포로들을 수용하기 위한 것인 듯싶고 일부 학자들은 다키아와의 전쟁을 재현하는 공연에서 온 이름이라고도 한다.

루두스 마뉴스(Ludus Magnus)

콜로쎄오 근처에 위치하며 가장 큰 검투사 양성소였다는 것은 이름에서도 짐작할 수 있다. 일부 발굴이 이루어져있는데 내부에 원형 경기장과 검투사들의 막사가 설치되어있었던 것을 볼 수 있다.

루두스 마티투누스(Ludus Matutinus)

콜로쎄오 근처에 위치한 검투사 훈련소로 맹수사냥을 위한 검투사들을 양성하기 위한 곳으로 도미찌아노 황제가 실현하였다. 이름의 유래는 아침(Mattina)에 실시했던 경기에서 온 것이다.

리비오(Tito Livio)

리비오는 고대 로마의 역사가로 기원전 27년에서 25년 사이 <로마사>(Ab urbe Condita 로마가 세워진 이래라는 의미)를 집필한 사람으로 기원전 753년 로마 건국에서부터 클라우디오의 아버지인 드루소(Druso) 까지 시기를 다루고 있다.

리비티나(Libitina)

로마의 신으로 장례에 관여되는 모든 것을 관장하던 여신이다. 로마에 에스퀼리노 언덕 혹은 아벤티노(Aventino) 언덕에 신전이 있었던 듯하다. 여기에서는 장의사들의 조합이 모이는 장소이고 장례에 관련되는 도구가 보관되어있었다.

리펫타 항구(Porto di Ripetta)

이 항구를 실현한 교황 클레멘테 11세의 이름을 따서 클레멘티노 항구라고 부르기도 한다. 테베레 강가에 건설된 항구로 알렉산드로 스펙끼(Alessandro Specchi)가 카를로 폰타나(Carlo Fontana)의 도움을 받아 실현하였고 콜로쎄오에서 가져온 대리석을 재사용하여 건설되었고 1704년 완공 식을 하였다.

마네스(Manes)

로마의 종교에서 죽은 사람들의 영혼을 말하며 가끔 저승의 신으로 의미하기도 한다. 가정에서의 의식으로는 음식을 제물로 바치는 것이었다.

마르찌알레(Marziale, 라틴어 Marco Valerio Martialis 38-104)

고대 로마의 시인으로 그의 작품 중 가장 유명한 작품은 라틴어로 쓴 "에피그람마(Epigramma)"로 콜로쎄오 축성식 때 경기를 표현하는 경구시로 유명하다.

마르테(Marte)

군신으로 그리스 신화에서는 마르스이다. 베스타 사제였던 레아 실비아와의 사이에서 로마를 건국한 쌍둥이 형제 로몰로, 레모가 태어났다.

마르테 울토레 신전(Tempio di Marte Ultore)

복수의 마르테 신전은 황제들의 공회장의 한부분인 아우구스토 공회장에 옥타비아노가 안토니오와 클레오파트라를 상대로 한 아찌오 전쟁(Battaglia di Azio)에서 승리하고 돌아온 후 건축한 신전이다.

마우레타니아(Mauretania)

현재 모로코와 알제리 사이에 위치하는 북아프리카의 한 지역으로 로마의 속주였다. 이름은 마우리(Mauri) 부족의 이름에서 온 것이고 현재 무어인이라고 부르는 부족이다.

목욕탕(Terme)

고대 로마인들은 기원전 1세기 아그립파가 최초의 목욕탕을 만든 이후 집단적인 민족성을 대변해 주는 장소, 목욕탕은 모여서 운동, 오락, 휴식을 겸할 수 있는 공간이다. 그들은 점령지역에 로마 문화를 전파하기 위한 가장 중요한 매개체로 목욕탕을 사용하여 속국에도 세워진 특성이 있다. 당연히 여기에 물을 공급하기 위해 상수도가 같이 건설되었다. 냉탕, 온탕, 증기탕은 물로 여러 가지 편의시설들을 포함하였고 갈수록 대형화되는 특성을 보였다.

무누스(Munus, 복수 Munera)

라틴어의 중성명사인 무누스(Munus)의 복수 무네라가 이탈리아어에서 남성명사로 사용되었다. 각각의 시민이 국가를 향한 의무를 지칭하는 의미였고 제공이라는 의미를 가지며 검투사 경기를 지칭하는 말이다.

바로네(Marco Terenzio Varrone, 기원전 116-27)

고대 로마시대의 철학자이며 문인이고 군인이었다. 체사레의 반대 입장에 있었으나 체사레의 암살 이후 집필 활동에만 전념하였다. 박물관적인 지식으로 77종의 집필을 하였고 권수로는 약 620여권의 집필하였다. 그는 스스로 77세에 490권을 썼다고 말하고 있다.

법무관(프레토레 Pretore)

고대 로마의 관료로 오늘날의 대법관에 해당한다. 집정관이 도입되기 전인 기원전 450년까지는 로마최고의 관리였다. 임기는 1년이었고 수차례 개정을 거쳐 인원이 바뀌었지만 제국시대에는 실권을 갖는 것이 아니라 명예직이었다.

베다 일 베네라빌레(Beda il Venerabile, 678-735)

베네딕트 수도원의 수사이고 영국의 역사가이다. 베네라빌레는 가톨릭에서 복자 아래의 경의를 표하는 용어로 그의 사후 얼마 지나지 않아 붙여서 불렀던 호칭이고 1899년 성인이 되었다.

벨리아(Velia)

로마의 언덕중의 하나로 옵피오 언덕과 에스퀼리노, 팔라티노 언덕 사이 부분을 지칭하지만 대부분은 무솔리니 시대에 황제들의 공회장 가도를 열며 제거되었고 도로 가의 벽돌 축대는 남아있는 단면을 지탱하기 위한 것이다. 이 벽면에 로마의 영토 확장을 보여주는 지도 4장으로 장식하였다. 또 네로의 황금궁전의 현관 위치였고 그 위에 아드리아노가 베네레와 로마 신전을 건축하였다.

볼트(Volta)

아치를 병렬하는 형태로 이루어진 것으로 평면 천장을 곡선화하면서 이루어진 것으로 궁륭(穹窿)이라고 부르기도 한다. 고대 로마인들이 아치에서 응용하여 발전시킨 것으로 이들은 콘크리트를 조적구조로 사용하면서 이 것이 가능했다.

불카노(Vulcano)

로마의 신으로 불과 파괴의 신이다. 이름의 어원은 분명치 않지만 그리스의 에페스토(Efesto) 신과 동일한 신으로 본다. 로마의 전설에는 프레네스테(Preneste)를 건설한 신이라고 한다. 제우스의 부인 해라가 남편이 너무 외도를 심하게 하고 혼외자식을 데려오자 혼자서 만든 아이라고 하며 두 사람의 부부싸움 와중에 올림포에서 떨어져 장애를 갖게 되었으나 도구를 만드는 재능이 있었다고 한다.

브루토(Marco Giunio Bruto, 기원전 85-42)

로마의 정치가, 웅변가, 철학가로 후기 공화정 시대의 원로였다. 캇시오와 함께 체사레를 암살한 주동자였다. 두 차례에 거친 필립피 전투에서 처음에는 옥타비아노에게 승리를 거두나 두 번째 전투에서는 패배하여 자신의 운명을 감지하고 자살하였다.

비바리아(Vivaria)

맹수사냥 경기에 투입되는 동물을 가두어 두는 우리를 지칭한다.

비스고티족(Visgoti)

스칸디나비아 지역의 코트족의 한 부류이다. 그들의 남쪽으로의 대이동은 476년 서로마 제국의 멸망에 기여한 민족이다. 410년 알라리코를 수장으로 로마를 찬탈하였다.

비텔리오(Vitellio, 69년)

네로의 사후 혼란스러운 시기에 황실 근위대에 의해 추대되었다가 다시 군대가 반기를 들고 그를 처형하고 베스파시아노를 새 황제로 추대하였다. 4명의 황제가 배출된 69년의 황제 중의 하나로 8개월 옥좌에 있었다.

비트루비오(Vitruvio, 기원전 80-기원후15년, 라틴어 Marcus Vitruvius Pollio)

로마의 건축가이며 집필가로 그의 작품 건축 10서는 건축에 관한 이론을 담고 있다. 시대를 막론하고 가장 훌륭한 이론서로 알려졌고 후대에 큰 영향을 끼친 작품이다.

비페달리스(Bipedalis)

로마시대에 벽돌은 정확한 규격으로 제작되었는데 로마인들의 척도 피에데로 규격을 정했다. 1 피에데는 29.6㎝이고 비페달리스는 2 피에디이므로 59.2㎝ 이었다. 로마 건축의 특징인 곡선 표현도 용이하게 하기 위해 로마인들의 벽돌은 얇게 만드는 것이 특징이다.

사르데냐(Sardegna)

지중해에서 시칠리아 다음으로 큰 섬으로 현재는 이탈리아의 특별자치주이다. 풍부한 지하자원을 가지고 있는 섬이고 지정상의 위치로 고대부터 활발한 교역을 비롯하여 문화적 교류도 왕성했던 지역이다. 기원전 5세기부터는 카르타고와 경쟁관계였고 그 후 로마인들에게 점령당하면서 쇠퇴하였다.

삼니움(Sannio)

현재 이탈리아 남부의 몰리제, 아브룻쪼, 캄파니아 지역을 지칭하는 말로 그 주민을 삼니움인(Sanniti, 산니티)라고 부른다. 기원전 400년경에는 가장 번영했던 시기로 산니티카 연합(Lega Sannitica)을 결성하였다. 그러나 기원전 293년 로마인들과의 아퀼로니아(Aquilonia) 전쟁에 패배해 정복당했다.

세네카(Seneca)

고대 로마 제국 시대의 정치가이며, 철학자, 문학가이다. 클라우디오 황제의 부인이었던 멧살리나(Messalina)와 간통죄로 코르시카 섬에 유배되었다가 네로의 엄마이고 클라우디오 황제의 부인이 된 아그립피나(Agrippina)가 사면해 주었고 복귀시켜 네로의 스승으로 지정한 인물이다.

세를리오(Sebastiano Serlio, 1475-1554)

이탈리아의 건축가이며 건축이론가이다. 그의 대표 저서인 "건축학 7권(I Sette Libri dell'Architettura)"은 전 유럽에 고전적인 건축표현과 새로운 마니에리즘(Manierism)의 건축 경향을 전 유럽에 전파시킨 인물이다.

셉프타(Saepta)

셉프타 율리아라고 부르다가 셉프타로 불린다. 투표소의 기능으로 태어난 건축물로 담장으로 에워싼 건축물이다. 체사레에서 시작되었으나 기원전 26년 아그립파가 일리리코(Illirico) 전쟁에서 가져온 전리품으로 완성되었다.

셉티쪼니오(Settizonio, 혹은 Settizodio)

고대 로마의 기념비적인 닌페오(Ninfeo)로 쎕티미오 세베로 황제가 203년에 건축하였다. 도무스 세베리아나의 압피아 가도(Via Appia) 쪽의 정면 모습으로 만든 것이다. 시스토 5세가 철거시켰다.

소제단(Edicola)

라틴어의 에데(Aedes, 제단)에서 유래된 축소형인 에디콜라(Aedicula)로 일반적으로 건축 구조를 말하며 신상을 놓기 위한 곳으로 만들어졌다. 그리스도 문화에서는 성화를 보관하기 위한 공간을 의미한다.

솔 인빅투스(Sol Invictus)

“승리할 수 없는 태양의 신”이라는 의미라고 할 수 있고 로마 제국시대의 군인들의 수호신이었다. 태양의 신은 시리아와 이집트에서 생겨난 것으로 엘리오가발로(Eliogabalo) 황제시대에 이미 로마에 도입된 신이었지만 272년 팔미라 왕국과의 전쟁에서 곤욕을 치르고 있을 때 아우렐리아노 황제가 태양신의 발현을 보고 승리하였다고 한다. 그 후 274년 12월 25일로 축일로 만들었다.

수부라(Suburra)

로마에 가장 많은 인구 밀집지역으로 퀴리날레, 비미날레, 에스퀼리노 언덕이 만나는 지역을 부른다. 가장 가난한 계층의 모여 살았던 동네이고 범죄의 온상이었음으로 현재에도 불법천지의 범죄자들이 모여 사는 지역을 부르는 용어로 사용된다.

스베토니오(Svetonio, 라틴어 Gaius Suetonio Tranquillus, 70-126)

로마제국시대의 정치가이며 역사학자이다. 체사레부터 로마의 첫 번째 아우구스토 황제를 포함하여 11명의 황제의 스토리를 담은 황제열전(Augustur)를 집필한 사람이다.

스펙타빌리스(Spectabilis)

로마 신분제도에 일루스트레(Illistre) 다음의 위치에 있는 신분으로 최고 관료들의 신분이었다.

시법무관(Praefectus urbi)

로마의 총감으로 절대왕정시대에서부터 존재하던 관료로 서로마제국이 멸망할 때까지 존재하는 직책이었다. 선출의 방법은 시기에 따라 변화하였다. 초기에는 집정관들에 의해 선출되는 직책임으로 도시 내에서 집정관의 권한이 있었다. 그 후 민회에서 선출하는 것으로 변화하였다. 그들의 권한도 시기에 따라 변화하였다.

실라(Lucio Cornelio Silla, 술라)

로마 공화정 시대에 뛰어난 술수와 군사적 재능을 가졌던 인물로 많은 전쟁에서 승리하였고 집정관 독재관을 역임한 인물이다.

십자가의 길(Via Crucis)

현대에는 고난스러운 인생을 지칭하기 위해 사용하지만 예수가 골고다에 십자가형을 받으러 갔던 길을 칭하는 말이다. 이를 재현하는 의식은 처음에는 정형이 없었지만 14세기에 프란체스코 수도회에서 정형화되었다.

아그립빠(Marco Vipsanio Agrippa, 기원전 63-12)

로마의 정치가이자 군인이며 아우구스토의 오른팔 역할을 했던 인물이다. 체사레가 군사적인 재능이 떨어졌던 옥타비아누스를 보완하기 위해 서민출신이었던 군인, 그를 친구로 붙여주었다. 그는 아우구스토의 딸과 결혼하여 슬하에 5명의 자녀를 두었지만 옥좌를 물려받지 못하고 젊은 나이에 다 죽었다.

아르데아(Ardea)

로마 근교의 소도시이다. 도시의 설립은 고대의 자료에 신화적인 내용에 근거를 둔 다양한 인물이 등장한다. 기원전 3세기경에 여러 차례의 전쟁을 겪으면서 경제적 고갈로 인해 로마에 포함되었다. 기원전 7세기경 건설된 도로 아르데아티나 가도는 로마에서 아르데아를 연결하는 약 20밀리아(Miglia) 길이의 도로이다.

아마조네스(Amazzone)

그리스 신화에 나오는 전설적인 여성 전사 부족이다. 종족 보존을 위해 다른 지역에서 남자를 데려다 겁탈하고 여자아이만 거두었고 남자아이는 죽이거나 다른 곳으로 가져다 버렸다.

아비뇽의 유수(Cattività Avignonese)

이것은 교황이 1309년부터 1377년까지 아비뇽으로 유폐되었던 시기를 말하며 교황권이 약세를 대표하는 사건이다. 이 일은 첼레스티노 5세 교황을 이은 보니파치오 8세와 프랑스의 왕 필립포 4세와의 마찰이 깊어졌고 교황의 사후 이를 해결하려 했던 베네뎃토 11세는 11개월 만에 사망하여 해결하지 못했다. 프랑스 보르도 지방의 대주교였던 클레멘테 5세는 1309년 교황청을 아비뇽으로 옮겼다. 약 천년동안 그리스도교의 중심이었던 로마에서 교황청이 아비뇽으로 옮겨졌던 시기를 말한다.

아울렐리아네 성벽(Mura Aureliane)

이 성벽은 271년에서 275년 사이 아우렐리아노 황제가 이민족의 침략에서 제국의 수도 로마를 보호하기 위해 축조하기 시작해 프로보 황제에 의해 완성된 로마의 성벽이다. 당시 성벽의 길이는 19킬로미터에 달했으나 현재 남아있는 부분은 12,5킬로미터이다.

아테나 폴리아스 신전(Tempio di Atena Polias)

기원전 670년에 건설된 신전으로 480년 페르시아에게 파괴당하기 전까지 아테네의 수호여신이었다.

알라리코(Flavio Alarico 395-410)

비스코트족의 왕으로 410년 역사적으로 유명한 로마 찬탈의 주인공으로 찬탈 이후 아프리카로 이동 중에 410년에 갑자기 사망하였다.

알시에티나 수도(Acqua Alsietina)

기원전 11년 아우구스토가 건설한 33킬로미터 길이의 수도로 트라스테베레 근처의 모의해전장에 물을 공급하기 위해 건설하였다. 213년 카라칼라는 여기의 지류를 끌어들여 자신의 안토니니아나 수도(Acqua Antoniniana)를 건설하였다.

에스퀼리노(Esquilino)

로마의 7개 언덕 중의 하나로 황실 기마병의 막사(Castrum degli Equites Singulares Augusti)에서 유래한 이름이다. 공화정 시대에는 도시의 쓰레기장과 같은 역할을 했으며 공동묘지 지역이고 노예 및 하층민의 거주지였다. 아우구스토의 도시 정비 후 메체나테(Mecenate)의 별장이 건설되었고 말기 제국시대까지 귀족들의 별장지역이었고 서민들은 아랫동네인 수부라(Suburra)로 이전하여 거주하였다.

에트루리아(Etruria)

이탈리아 중부의 지역을 칭하며 현대의 토스카나, 움브리아, 랏찌오 북부 지방을 포함하는 지역이다. 9세기 동안 에트루리아 문명을 발전시켰고 로마에 문화적인 큰 영향을 끼친 문명이다. 로마 절대왕정 시대의 3명의 왕을 배출하기도 하였다.

오노리오(Onorio 393-423)

테오도시오 황제는 제국을 2개로 분리하여 동쪽은 아르카디오(Arcadio)에게 서쪽은 오노리오에게 물려주었다. 서로마 제국의 첫 번째 황제로 10살의 나이로 황제가 되었다. 아직 어린 나이었기 때문에 반달족 출신 장군인 스틸리코네(Stilicone)의 도움을 받아 통치하였다.

오벨리스코(Obelisco)

통 돌로 4면은 같고 꼭대기는 피라미드 형태로 이루어졌다. 고대 이집트에서 성행하여 제작된 것으로 태양신을 섬기는 종교와 관련된 것이나 이집트 파라오의 정치적 권력의 상징으로 사용되었고 로마인들에게는 황제의 영광을 상징하거나 사랑하는 사람을 기념하는 용도로도 사용하였다. 르네상스 시대 이후 교황들에 의해 도시 미화에 재사용되었고 교황권의 상징으로 사용되었다.

오비디오(Publio Ovidio Nasone, 기원전43-17)

로마의 가장 유명한 문인중의 하나로 즐거움을 노래하는 연애시로 유명하며 고대 로마시대의 황금 문학기를 이루었다. 대표작은 메타모르포지(Metamorfosi)로 르네상스 시대 이후 관심을 갖기 시작하였고 16세기에 출판된 이후 예술의 소재로 큰 영향을 끼친 작품이다.

오푸스 라테리찌움(Opus Lateritium)

로마의 건축 테크닉의 하나로 오프스 체멘티치움의 외벽을 라테레스(Lateres, 벽돌)를 이용하여 마감한 것이다. 말린 벽돌을 이용하였을 때 습기에 약한 단점이 있었기에 이런 단점을 보완하기 위해 후에는 구워서 사용하였다. 로마인들은 벽돌에 인장을 찍었기 때문에 건축물의 시기를 규명하는데 큰 도움을 준다.

오푸스 스피카툼(Opus Spicatum)

고대 로마의 건축 기술 중의 하나로 벽돌로 생선의 가시형태로 된 문양을 형성하는 마감재 형태이다.

오푸스 콰드라툼(Opus Quadratum)

고대 로마의 건축테크닉 중의 하나로 사각 블록을 쌓아 올리는 방법이다. 이미 기원전 6세기에서부터 사용되었고 콘크리트를 고안하여 사용하면서도 병행하여 사용되었다.

오현제 시대(Dinastia Antonina)

안토니나 왕조라고도 하며 네르바부터 콤모도까지 총 7명의 황제 시대의 첫 번째와 마지막 황제를 제외한 황제시대를 일컫는 시대이다. 다섯 명의 현명한 황제를 말하며 이 시대에 로마는 최고의 전성기를 누리지만 콤모도부터 쇠퇴하기 시작한다. 콤모도를 제외하고 자식에게 옥좌를 넘겨준 것이 아니라 능력 있는 인재를 양자 삼아 옥좌를 물려주었다.

옥타비아노(Ottaviano, 기원전 63-기원후 14)

아우구스토의 본명은 가이오 옥타비아노 투리노(Gaio Ottaviano Turino)였으나 기원전 27년 로마의 원로원은 그에게 "존엄한 자", "거룩한 자"라는 의미의 아우구스토라는 칭호를 주었다.

마르코 살비오 오토네(Marco Salvio Otone, 69)

네로의 사후 69년은 한해에 4명의 황제가 교체되었던 해로 원로원은 이미 72세가 된 갈바(Galba)를 황제로 추대하였으나 황실근위대였던 오토네가 그를 암살하고 황제로 추대되었다. 3개월간 황제였던 인물로 69년에 죽은 두 번째 황제였다.

옵피오 언덕(Colle Oppio)

파구탈, 치스피우스 언덕과 함께 로마의 7언덕 중의 하나인 에스퀼리노 언덕을 구성하는 작은 언덕이다. 네로 시대에는 도무스 아우레아가 있었던 곳이고 그 위에 티토와 트라이아노 황제의 목욕탕이 건설된 지역이기도 하다. 그리스도 문화시대에는 티툴루스 에우도시아(Titulus Eudossia, 현 쇠사슬의 성 베드로 성당)와 티툴루스 에퀴티이(Titulus Equitii, 현재 성 마르티노 아이 몬티 성당) 등도 건축되었다.

이두정치(Duoviri, 혹은 Duumviri, Duunviri)

기원전 4세기부터 로마의 속주에서 가장 높은 직책의 관료로 서로의 견제와 협력을 위해 두 명을 선출하였기 때문에 붙여진 이름이다.

이지도로 디 시빌리아(Isiforo di Siviglia, 559-636)

그는 신학자, 역사가이면서 스페인의 대주교를 30년간 한 인물이다. 다양한 분야를 취급한 18권의 저서를 남겼다. 역사가 몽탈렘베르는 그를 고대의 마지막 학자로 말하고 있다.

일리아데(Illiade)

현존하는 고대 그리스 문학의 가장 오래된 서사시이며 유럽 문학의 효시이로 그리스인과 트로이 인들의 전쟁의 일화를 묘사하는 작품이다.

전차 경기장(Circo)

고대 로마 시대에 전차경기용 경기장을 말하다. 이름은 라틴어 치르쿠스(Circus)에서 유래한 것으로 경기의 내용이 원형으로 도는데서 유래했다.

조영관(Edile)

안찰관으로도 부르는 로마시대의 관직이다. 원래 아벤티노 언덕의 체레스 신전의 관리를 맡아보던 사람들로 평민에서 2명 귀족에서 2명을 뽑았다. 임기는 1년이고 도시의 일반 행정, 식량공급, 축제 및 경기와 공연을 관리하였다.

죠베날레(Decimo Giunio Giovenale, 50경-127경)

그의 생애에 관해서는 알려진 바가 많지 않고 그나마 부정확하다. 1세기 후반에서 2세기 초반에 활동한 로마의 문학가이다. 마르찌알레가 그에게 헌정한 경구시가 있다. “건전한 육체에 건강한 정신이 깃든다.”라는 말도 그의 말이다.

7대 불가사이

세계 7대 불가사이는 사람이 손으로 이루어졌다는 것이 설명하기 어려운 기적적인 건축물을 일컫는다. 기원전 2세기 그리스의 시인 안티파트로스가 언급하면서부터 선정했던 것이었다. 2007년 뉴 세븐 원더스 재단에서 인터넷 투표를 통해 선정한 것으로 중국의 만리장성, 이탈리아의 콜롯쎄오, 페루의 마추픽추, 인도의 타지마할, 요르단의 페드라, 멕시코의 치첸이트사, 브라질의 예수 거상 등이다.

카레스 디 린도스(Cares di Lindos)

기원전 4세기의 린도스에서 태어나 그의 대표작 “로디의 거상”을 실현한 로디에서 자살하였다. 리집포(Lisippo)의 제자로 헬레니즘 시대의 조각가이다. 로디의 거상은 태양의 신인 엘리오를 묘사한 것으로 로디의 항구

앞에 놓았던 것으로 고대의 7대 불가사의 중의 하나이다.

카론테(Caronte)

그리스와 로마의 종교에서 죽은 사람을 저승세계인 아데(Ade)로 배를 태워 데려가는 뱃사공이었다. 고대 그리스인들이 장례식에서 시신의 입에 동전을 물려주는 것은 이 뱃삯을 지불하기 위한 것이다.

카르체레(Carcere)

아레나로 동물을 내보내기 전에 동물을 격리하던 담으로 후에 이탈리아어로 감옥을 유래시킨 용어이다. 전차 경기장에 설치되었다.

카베아(cavea)

원형 경기장이나 극장의 계단석을 부르는 용어로 코일론(Koilon)이라고도 부른다. 점차적으로 카베아를 구획하여 신분에 따라 지정하였다.

카스트라 프레토리아(Castra Pretoria)

기원전 29년경 아우구스토 시대에 설립된 황실 근위대(Pretoriano)의 막사를 말한다. 약 16.72 헥타르의 면적이었고 훈련과 숙식을 할 수 있는 구조였다. 로마의 역사에 큰 영향력을 끼쳤었고 코스탄티노 황제가 해산시켰다.

카스트렌세(Castrense) 원형 경기장

3세기 엘리오가발로 황제 시대에 로마에 세워진 두 번째 원형 경기장으로 후에 아우렐리아네 성벽(Mura Aureliane)에 포함되었다. 카스트룸(Castrum)이라는 황제의 처소를 의미하는 말에서 유래한 것으로 보이고 셋소리아노 궁(Palazzo Sessoriano)과 연결되는 경기장으로 보인다.

카타콤베(Catacombe)

묘지를 성문 밖에 사용하도록 한 로마법에 의해 외곽에 위치한 그리스도인들의 공동묘지로 긴 복도로 이루어진 것이 특징이고 필요할 때마다 하부로 파내려가며 형성된 묘지이다. 다른 지역에서도 찾아볼 수 있지만 롬에서 가장 큰 발전을 보인 묘지형태이다.

카탈로기 레지오나리(Cataloghi Regionari)

이것은 14개로 구획되었던 로마의 기념비, 주택, 창고, 목욕탕 등을 정리한 카타로그로 아마 코스탄티노 시대에 이루어진 듯하다. 여기에 명시된 기념비는 기념비 자체의 중요성을 주기보다 행정 구역을 나누는 경계의 기준이었다.

칼리골라 원형 경기장(Anfiteatro di Caligola)

칼리골라가 캄포 마르찌오에 셉프타 근처에 세운 경기장이다. 40년경에 스타틸리오 타우로 경기장 다음으로 로마에 두 번째로 세워진 상주경기장이지만 완성하지 못하고 사망하였다. 그의 후임인 클라우디오(Claudio)는 이를 완성시키지 않고 철거하였다.

칼리마코(Callimaco 기원전 310-235)

헬레니즘 시대의 시인이고 철학자였다. 그는 800권 정도의 방대한 양의 저서를 저술했으며 그의 대표작은 <피나케스>(Pinakes)로 그리스 문학가들의 역사를 모은 책이다.

캇시오(Gaio Cassio Longino, 기원전 87-42)

로마의 정치가였고 기원전 49년 호민관은 역임하였고 폼페오와 체사레와 좋은 관계를 가지고 있었으나 기원전 44년 체사레의 암살의 주동자로 암살 후 브루토와 도주하나 기원전 42년 1차 필리피(Filippi) 전투에서 안토니오와 옥타비아오 군에게 브루토가 패배한 것으로 오인해 노예의 도움을 받아 자살하였다.

캇시오도로(Cassiodoro, 485-580)

로마의 정치가이며 역사였던 인물로 동로마제국의 테오도리코 일 그란데 대제(Teodorico, 일명 Il Grande) 시대에 황제의 측근이었다. 그는 544년경에 도서관을 포함하는 비바리움 수도원을 설립하였다.

캇시오 디오네(Cassio Dione Cocceiano 115-235)

로마제국의 관료이면서 역사가로 라틴족의 유래에서부터 기원전 753년 로마의 건국 시대를 거치고 229년까지의 약 983년의 로마사(Storia Romana)를 80권에 거쳐 그리스어로 집필하였다.

체레레(Cerere)

라틴인의 풍요의 여신이었다가 그리스의 농업의 신 데메트라와 비슷한 기능의 신으로 변화하였다. 그녀는 저승세계의 왕 플루토네(Plutone)가 납치한 프로세르피나(Proserpina)의 어머니이다. 납치된 딸을 그리워하며 눈물을 흘렸고 그 눈물로 어느 식물도 싹을 틔우지 못하자 죠베(Giove)는 딸을 어머니에게 돌려보낼 것을 명한다. 돌려보낼 때 그리움을 생기게 하는 석류 알을 먹고 난후 엄마에게 돌아오지만 남편을 그리워해 연중 반은 남편과 나머지는 어머니와 있게 하였고 남편과 함께할 때 어머니가 그리움으로 눈물을 흘렸기 때문에 대지가 열매를 주지 않는 계절이 생겼다.

첼리오(Celio)

고대 로마의 7언덕 중의 하나이다. 에트루스카의 첼리오 비벤나(Celio Vibenna)의 이름에서 지명이 유래하고 절대 왕정시대의 왕 세르비오 툴리오(Servio Tullio)와 툴리오 오스틸로(Tullio Ostilo)가 살았던 곳이다.

치체로네(Marco Tullio Cicerone 기원전 106-43)

기사계급의 가문의 일원으로 고대 로마에서 가장 두각을 나타내는 인물중의 하나이다. 그의 철학과 웅변술에 대한 저서와 많은 문학 작품을 남겼다. 그의 작품들은 고전 라틴 문학의 모델을 제시한다고 한다.

총감(Praefectus)

공화정 시대에서부터 존재하던 관료 직으로 현대의 법무관의 역할을 한다. 기사계급에서 오를 수 있는 최고의 위치였다. 로마의 총감은 시법무관(Praefectus Urbi)은 황제나 집정관이 부재 시 그를 대신하는 역할을 한다.

치폴리노(Cipollino)

로마인들이 사용했던 대리석의 한 종류로 현대의 카리스토스 대리석과 같은 종류이다. 그리스의 에우베아 섬의 남동쪽의 스티라와 카리스토스 사이에서 채석하였다.

카베아(Cavea)

라틴어 어원이지만 그 기원은 불분명하고 극장이나 원형 경기장에 관객석으로 계단식으로 되어있는 구역을 칭한다.

카푸아(Capua)

이탈리아 남부 캄파냐 지방에 위치했던 고대의 카푸아 위에 산타마리아 카푸아 베테레 라는 이름의 도시가 건설되었다. 고대 로마시대의 유적이 많이 남아있는 도시였으나 이후 평범한 농촌도시로 변화하였다.

캄파냐(Campania)

이탈리아 남부에 있는 주지방중의 하나로 처음에는 그리스에게 점령을 받았다가 삼니움 연합에 지배를 받았고 로마의 팽창정책으로 3차례에 거친 삼니움들과의 전쟁 후에 로마인들에 의해 정복된 지역이다. 이탈리아에서 롬바르디아 랏찌오 지방 다음으로 인구가 많은 주 지방이다.

코스탄테 2세(Costante 11, 641-668)

원래 이름은 에라클리오(Eraclio)였는데 그의 할아버지 이름과 혼동을 피하기 위해 코스탄테로 바꾸었다. 에라클리오의 사후 왕위에 오른 그의 아버지 코스탄티노 3세는 3개월 후에 결핵으로 사망하고 코스탄테가 어린 나이에 황제가 되었다. 붕괴의 위기에 있는 제국을 일으키고 훌륭한 업적이 있지만 당대는 물론 후대에도 그 업적을 평가받지 못한 동로마 제국의 황제였다.

코스탄티노(Costantino, Flavius Valerius Aurelius Constantinus, 라틴어 306-337)

대제라는 대명사가 붙는 황제로 그의 정적 막센찌오를 로마의 밀비오 다리에서 물리친 후 밀라노 칙령으로 그리스도교를 승인하여 첫 번째 그리스도인 황제가 된 사람이다. 수도를 비잔찌오(Bisanzio)로 옮기고 그의 이름을 따서 코스탄티노폴리(Costantinopoli)라고 명명하였다.

쿠라토레스(Curatores)

로마 제국의 아우구스토 시대에 생겨난 공직이다. 신전, 하수도, 상수도, 도로, 공공건물 등을 관리하는 임무를 맡기기 위한 직책이다.

쿠룰리(Curuli)

상아로 장식된 접이용 의자로 "X" 형태로 이루어졌다. 사법권의 상징으로 처음에는 황제들을 위한 의자였다가 후에 행정 관료들에게도 사용이 허용되었었다.

쿠비토(Cubito, 복수 Cubiti)

쿠비토는 로마, 이집트, 페르시아 등지에서 사용하던 길이 단위이다. 팔꿈치에서 손가락 끝까지의 길이를 의미하는 것이며 약 50㎝ 정도를 의미한다.

크로스 볼트

아치를 병렬하여 이루어진 원통형 볼트 두 개가 직각으로 만나게 형성되는 원형천장을 의미한다.

크립타(Cripta)

크립타는 그리스어 어원으로 "숨겨진"이라는 의미를 가지고 있다. 중세 건축에서는 바닥 아래에 석재로 형성한 방을 의미하며 이곳에 성인의 유해나 고위 성직자 등의 주요 인물의 묘지로 사용하였다.

클라우디오(Claudio, 41-54)

로마 제국의 4대 황제이며 그의 전임인 칼리골라의 삼촌이고 황제로서 적절하지 않은 인물로 평가되었던 인물이다. 그의 신체적인 결함 때문에 가문에서도 47세가 될 때까지 사회적 활동을 못하게 격리하였던 인물이다. 칼리골라가 사망하자 줄리아 클라우디아 왕조의 유일한 성인 남자였기 때문에 즉위하게 되었던 인물로 그가 비록 정치적 경험이 전혀 없었지만 그의 집정시대에 브리타니아의 정복이 있었고 그의 부인이었고 네로의 어머니였던 아그립피나 미노레에게 암살당한 후 그를 이어 네로가 황제가 되었다.

클로아카 막시마(Cloaca Massima)

고대 로마에 가장 오래되고 가장 큰 하수도를 의미한다. 절대왕정시대의 타르퀴니오 프리스코(Tarquinio Prisco) 왕이 기원전 6세기 말경에 건축되었다. 아직도 사용하고 있는 세계에서 가장 오래된 하수도이다.

클립페오(Clipeo, 라틴어 Clipeus)

기원전 5세기 말까지 로마군이 사용하던 금속방패이고 예술분야에는 초상이 있는 메달로 석관에 많이 사용하였다.

타치토(Publio Cornelio Tacito, 55-117?)

간혹 푸블리오 라는 이름 대신 가이오 라는 이름으로도 지시되는데 로마의 역사가, 웅변가, 정치가였다. 라틴 문학의 가장 저명한 역사가로 알려졌다. 그의 로마사에 관한 집필은 4명의 황제가 교체된 해인 69년부터 도미찌아노의 살해되는 69년까지 연대기, 아우구스토 시대부터 네로 황제 시대까지를 집필한 저서가 있다.

토가(Toga)

고대 로마인들의 전통적인 남성용 의상으로 반달형으로 생긴 6미터 정도의 천으로 투니카(Tunica) 위에 두르는 의복이다. 로마시민에게만 허용되는 의복이었다. 16세 이상에서부터 입기 시작하였고 신분에 따라 색깔이 달랐다. 상중에는 어두운 색을 입었고 선거 후보일 경우에는 흰색을 입었다.

투스콜로(Tuscolo)

랏찌오 지방에 있었던 고대도시로 도시의 건설은 로마 이전으로 거슬러 올라간다. 도시의 건설한 사람은 전설에 의하면 여러 의견이 제시되는데 에네아의 손자인 실비오가 건설했다고 하며, 다른 한편으로는 울릿세

(Ulisse)의 아들 텔레고노(Telegono)에 의한다고 한다. 현대 역사가들의 의견은 트로아아의 전쟁 300여년 후에 라틴족에 의해 건설되었다고 한다.

티메오 디 타우로메니오(Timeo di Tauromenio, 기원전 350-기원후 260경)

고대 그리스의 그리스 역사가로 그리스 문화가 아닌 문화 특히 로마 문화에 관심을 가졌던 인물이다. 처음으로 에네아(Enea)의 전설적인 스토리를 언급하였고 후에 로마의 시인 비르질리오(Virgilio)이 이를 작품화하였다.

파트로클로(Patroclo)

오메로의 작품 일리아데의 등장인물로 아킬레(Achile)의 절친한 친구로 엑토레(Ettore)에게 살해되었다. 현대 작가들은 친구이며 애인으로 표현하고 그리스에서는 남성간의 사랑의 전형적인 모델로 표현되었다.

팔라티노(Palatino)

로마의 일곱 개 언덕 중의 하나이고 로마가 건국된 장소이기도 하다. 로마의 건국신화에서는 늑대가 쌍둥이 형제를 젖을 먹인 루페르칼레(Lupercale) 동굴이 위치하는 곳이기도 하다. 아우구스토는 이곳에 자신의 처소로 삼았고 그 후 황제들에 의해 건축물이 들어서 제국시대에는 황제들의 처소로 사용된 언덕이다.

팟씨(Passi, 단수 Passo)

고대 로마의 길이를 재는 척도로 1팟소는 0.74미터이다.

페아(Carlo Fea 1753-1836)

로마시대의 복사본인 미론의 원반투수를 발굴한 인물이고 판테온과 로마의 공회장을 발굴한 인물이다. 피오 7세 시대에 고고학자로 왕성한 활동을 한 인물로 카피톨리니 박물관에 암 늑대의 방(Sala della Lupa)에 그를 기념하는 기념문이 보관되어있다.

페눌라(Paenula)

로마의 서민층들의 의복중의 하나로 일종의 망토 같은 것으로 남녀 공용 의복이다. 머리로부터 입는 옷으로 얼굴부분만 열린 옷이다.

포디오(Podio)

사람이나 물건을 위로 올리기 위해 만든 단상을 의미하며 건축에서는 신전 등을 세우기 위해 올린 부분으로 건축요소중의 하나이다. 원형 경기장에서는 황제석의 기초부분을 말하고 경기장이나 극장에서 고위직을 위한 지정석을 말하기도 한다.

포로 보아리오(Foro Boario)

가축시장을 부르던 말로 캄피돌리오 언덕과 아벤티노 언덕 사이의 늪지에 위치하며 클로아카 막시마(Cloaca Massima)를 건설한 후 건조시켜 개간된 곳이다.

폿쭈올리(Pozzuoli)

이탈리아 캄파니아 지방의 나폴리 만에 위치한 소도시이다 기원전 531년 폴리크라테(Policrate)의 학정에서 도피한 피난민들이 세운 도시이다. 기원전 421년에는 이 지역에서 세력을 확장하던 삼니움인들에게 정복당했다가 기원전 338년 로마인들에게 점령당하고 로마화 작업에서 도시 명을 푸테올리(Puteoli, 작은 우물들)이라는 이름으로 변경되었다. 로마와 마찬가지로 2개의 원형 경기장을 가진 도시이다.

프로나오(Pronao)

그리스 어원으로 프로는 "앞"이라는 의미이고 나오스는 "신전"이라는 의미이다. 즉 신전의 구성의 일부로 신상안치소(Cella) 앞에 위치하는 공간을 말하고 광의로는 건축물의 현관부분을 통칭하는 어휘로 사용한다.

풀비나르(Pulvinar)

고대 로마에서 휘장 등으로 호화스럽게 장식된 침상으로 신상을 모시던 곳을 의미한다. 경기장에서는 황제 석을 의미한다.

플로라(Flora)

꽃의 여신 혹은 곡식의 모든 꽃을 관장하는 여신이므로 봄의 여신으로도 부른다. 로마에는 신전도 헌정되었고 해마다 여신의 축일은 4월 28일부터 5월 3일까지 축제를 거행하였다.

플로랄리아(Floralia)

루디 플로랄레스(Ludi Florales)라고 부르기도 하며 4월 28일 꽃의 여신 플로라를 기념하기 위해 거행하던 축제로 시작하는 5일간은 공연을 거행하고 대전차 경기장으로 옮겨 토끼나 염소를 사냥하는 경기를 하였다.

피리에네(Piriene)

소아시아에 있는 그리스 고대 도시로 이오니아인들의 식민도시로 건설하였다. 포세이돈 신전, 데메트라 신전, 아테나 폴리아스 신전 등이 있다.

피에데(Piede)

의미상으로는 발을 의미하는 로마인들의 척도로 1 피에데는 29.64 ㎝이다.

호머(Omero)

기원전 8세기경에 활동한 그리스의 문학가로 그의 대표작은 트로이 전쟁의 일화를 담은 일리아데와 율리시스가 고향 이타카로 돌아가는 내용을 담은 오딧세이아가 있다. 이 작품들은 서양의 최고의 문학작품으로 간주되는 작품들이다.

후진(Trinuna)

어원은 호민관(Tribuni)이 연설하던 단상을 의미한다. 건축적 요소로 반원형 앱스의 뒷부분을 칭하는 것이다.

사진 출처

박 일환: 사진 1, 5, 6, 25, 45, 53

정 철: 사진 2

Riccardo Rimonti: 사진 3

현 혜영: 사진 4

참고문헌

1. *Grammatica dell'architettura* Emily Cole 작 2008년 Logos 출판
2. *서양 건축사 땅과 인간* 임 석재 작 2011년 북 하우스 출판
3. *Il Colosseo* Roberto Luciani 작 Fenice 2000 출판
4. *Domus Aurea* Elisabetta Segala와 Ida Sciortino공저 2005년 Electra 출판
5. *Augusto* Antonio Spinosa 작 1996년 Mondadori Editore 출판
6. *L'Arte Romana* Manuel Bendala Galan 작 1994년 Fence 2000 출판
7. *Il Colosseo* Giuseppe Cozzo 작 1971년 Fratelli Palombi Editori 출판
8. *Guide Archeologiche Laterza* Fulippo Coarelli 작 2008년 Editori Laterza 출판
9. *L'Arte nel centro del potere* Ranuccio Bianchi Bandinelli 작 2005년 Rizzoli Libri 출판
10. *Guida all'Italia Archeologica* Stefano Maggi, Cristina Troso 공저 2007년 Piemme 출판
11. *Vita e Costumi nel Mondo Antico* Dominic Rathbone작 2010년 Logos 출판
12. *Guida Rossa d'Italia* Roma 편 2001년 Touring Club Italiano
13. *Manuale di Storia Romana* Ernesto Bignami 작 2011년 Edizione Bignami 출판
14. *Teatri e Anfiteatri di Roma antica* Luigi Devoti 작 1997년 Newton & Compton editori 출판
15. *Colosseo* Rossella Rea, Serena Romano, Riccardo Santangeli Valenzani 공저 2017 Mondadori Electa 출판
16. *La Valle del Colosseo*, Letizia Abbondanza 작 1997년 Electa 출판
17. *Saper vedere L'architettura*, Francesca Prina 작 2008년 Mondadori Arte 출판

콜로쎄오 COLOSSEO

2019년 1월 25일 초판 인쇄
2019년 1월 25일 초판 발행
저자 강민정
발행처: 글로벌 출판사
서울시 관악구 33가로 13-13, 151-840
TEL/FAX: 02-874-0377
등록 제 15-538(2001/11/21)
ISBN 978-89-953908-7-0